Don't forget

강제 기억 시스템 1주일1회 | 8주 전 범위 완성

핵심만 추출한

박문각 익힘장

———

공인중개사 2차
부동산공법 최성진

학

學 배울 학

동일한 강의로
배워도

習 익힐 습

복습 방법이 다르면
결과도 다르다!

익힘이 합격 당락을 좌우한다!

박문각 공인중개사
부동산공법 교수 **최성진**

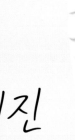

박문각 익힘장 2차 부동산공법은?

☑ 부동산공법의 주요 출제 포인트를 테마 40개로 압축하여 구성한 교재입니다.

☑ 출제되는 조문의 핵심적 키워드를 쉽게 파악할 수 있는 정답익힘장이 왼편에, 이를 □로 만들어 완벽하게 연습할 수 있는 □익힘장이
오른편에 구성되었습니다.

☑ 정답익힘장과 □익힘장 학습 후 총정리 익힘장으로 철저한 확인학습을 해나가시면 어렵지 않게 부동산공법을 정복할 수 있습니다.

박문각 익힘장

사용가이드

step	1	이해	1주차 강의[특히 박문각 1~2월 강의]를 듣는다.
step	2	기억	1주차 익힘장을 듣는다.
step	3	적용	1주차 기출특강을 듣는다.
step	4	반복	단원별 학습방법이 익숙해지면 누적식 학습방법을 활용한다.
step	5	합격	이해하고 기억하고 적용하는 합격공부방법을 활용한다.

내용 및 구성

▎ 부동산공법 40개 테마

▎ 왼쪽 부분은 정답익힘장, 오른쪽 부분은 □익힘장

▎ 단원별 총정리 익힘장

정답익힘장 ▎ 정답을 바로 볼 수 있도록 구성

□익힘장 ▎ 채우는 것으로 구성

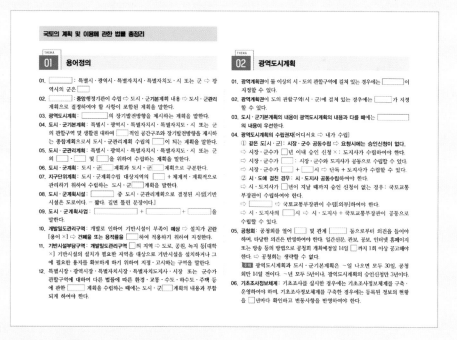

총정리 익힘장 ▎ 단원별 반복학습

박문각 익힘장
익힘 체크리스트

1순환을 8주로 완성하고, 이후에는 자신의 학습진도에 맞춰서 순환시간을 단축하면서 시험 전까지 2, 3, 4.... 순환을 반복할수록 효과는 배가됩니다.

▌동차 준비생, 2차생[2차 처음 공부하시는 분] – 단원별 학습방법

1주차		익힘장 테마01 ~ 04
2주차	국토의 계획 및 이용에 관한 법률	익힘장 테마01 ~ 08
3주차		익힘장 테마01 ~ 12
국토의 계획 및 이용에 관한 법률 총정리		
4주차	건축법	익힘장 테마13 ~ 19
5주차	주택법	익힘장 테마13 ~ 26
건축법 및 주택법 총정리		
6주차	도시개발법	익힘장 테마27 ~ 32
7주차	도시 및 주거환경정정비법	익힘장 테마27 ~ 38
8주차	농지법	익힘장 테마27 ~ 40
도시개발법, 도시 및 주거환경정비법 및 농지법 총정리		

▌2차 준비생[2차 공부 유경험자], 동차생[5회독 이상] – 누적식 학습방법

1주차		익힘장 테마01 ~ 04
2주차	국토의 계획 및 이용에 관한 법률	익힘장 테마01 ~ 08
3주차		익힘장 테마01 ~ 12
4주차	건축법	익힘장 테마01 ~ 19
5주차	주택법	익힘장 테마01 ~ 26
6주차	도시개발법	익힘장 테마01 ~ 32
7주차	도시 및 주거환경정정비법	익힘장 테마01 ~ 38
8주차	농지법	익힘장 테마01 ~ 40

익힘 체크리스트

학습주차	페이지	학습일자(소요시간)	학습주차	페이지	학습일자(소요시간)
1주차	~	월 일 분 ☐	9주차	~	월 일 분 ☐
2주차	~	월 일 분 ☐	10주차	~	월 일 분 ☐
3주차	~	월 일 분 ☐	11주차	~	월 일 분 ☐
4주차	~	월 일 분 ☐	12주차	~	월 일 분 ☐
5주차	~	월 일 분 ☐	13주차	~	월 일 분 ☐
6주차	~	월 일 분 ☐	14주차	~	월 일 분 ☐
7주차	~	월 일 분 ☐	15주차	~	월 일 분 ☐
8주차	~	월 일 분 ☐ 1순환 완성~!	16주차	~	월 일 분 ☐

부동산공법

THEMA 01 용어정의 ▶ 1주차

01. 도시·군 : 특별시·광역시·특별자치시·특별자치도·시 또는 군 ⇨ 광역시의 군은 제외

02. 국가계획 : 중앙행정기관이 수립 ⇨ 도시·군기본계획 내용 ⇨ 도시·군관리계획으로 결정하여야 할 사항이 포함된 계획을 말한다.

03. 광역도시계획 : 광역계획권의 장기발전방향을 제시하는 계획을 말한다.

04. 도시·군기본계획 : 특별시·광역시·특별자치시·특별자치도·시 또는 군의 관할구역 및 생활권 대하여 기본적인 공간구조와 장기발전방향을 제시하는 종합계획으로서 도시·군관리계획 수립의 지침이 되는 계획을 말한다.

05. 도시·군관리계획 : 특별시·광역시·특별자치시·특별자치도·시 또는 군의 개발·정비 및 보전을 위하여 수립하는 계획을 말한다.

06. 도시·군계획 : 도시·군기본계획과 도시·군관리계획으로 구분한다.

07. 지구단위계획 : 도시·군계획수립 대상지역의 일부 + 체계적·계획적으로 관리하기 위하여 수립하는 도시·군관리계획을 말한다.

08. 도시·군계획시설 : 기반시설 중 도시·군관리계획으로 결정된 시설[기반시설은 도로이다. = 짧다. 길면 틀린 문장이다.]

09. 도시·군계획사업 : 도시·군계획시설사업 + 도시개발사업 + 정비사업을 말한다.

10. 개발밀도관리구역 : 개발로 인하여 기반시설이 부족이 예상 ⇨ 설치가 곤란 [용이 ×] ⇨ 건폐율 또는 용적률을 강화하여 적용하기 위하여 지정한다.

11. 기반시설부담구역 : 개발밀도관리구역 외의 지역 ⇨ 도로, 공원, 녹지 등[대학 ×] 기반시설의 설치가 필요한 지역을 대상으로 기반시설을 설치하거나 그에 필요한 용지를 확보하게 하기 위하여 지정·고시하는 구역을 말한다.

12. 특별시장·광역시장·특별자치시장·특별자치도지사·시장 또는 군수가 관할구역에 대하여 다른 법률에 따른 환경·교통·수도·하수도·주택 등에 관한 부문별 계획을 수립하는 때에는 도시·군기본계획의 내용과 부합되게 하여야 한다.

THEMA 01 용어정의 ▶ 1주차

01. ☐ : 특별시·광역시·특별자치시·특별자치도·시 또는 군 ⇨ 광역시의 군은 ☐

02. ☐ : 중앙행정기관이 수립 ⇨ 도시·군기본계획 내용 ⇨ 도시·군관리계획으로 결정하여야 할 사항이 포함된 계획을 말한다.

03. 광역도시계획 : ☐의 장기발전방향을 제시하는 계획을 말한다.

04. 도시·군기본계획 : 특별시·광역시·특별자치시·특별자치도·시 또는 군의 관할구역 및 생활권 대하여 ☐적인 공간구조와 장기발전방향을 제시하는 종합계획으로서 도시·군관리계획 수립의 ☐이 되는 계획을 말한다.

05. 도시·군관리계획 : 특별시·광역시·특별자치시·특별자치도·시 또는 군의 ☐·☐ 및 ☐을 위하여 수립하는 계획을 말한다.

06. 도시·군계획 : 도시·군☐계획과 도시·군☐계획으로 구분한다.

07. 지구단위계획 : 도시·군계획수립 대상지역의 ☐ + 체계적·계획적으로 관리하기 위하여 수립하는 도시·군☐계획을 말한다.

08. 도시·군계획시설 : ☐ 중 도시·군관리계획으로 결정된 시설[기반시설은 도로이다. = 짧다. 길면 틀린 문장이다.]

09. 도시·군계획사업 : ☐ + ☐ + ☐을 말한다.

10. 개발밀도관리구역 : 개발로 인하여 기반시설이 부족이 예상 ⇨ 설치가 곤란 [용이 ×] ⇨ 건폐율 또는 용적률을 ☐하여 적용하기 위하여 지정한다.

11. 기반시설부담구역 : 개발밀도관리구역 ☐의 지역 ⇨ 도로, 공원, 녹지 등[대학 ×] 기반시설의 설치가 필요한 지역을 대상으로 기반시설을 설치하거나 그에 필요한 용지를 확보하게 하기 위하여 지정·고시하는 구역을 말한다.

12. 특별시장·광역시장·특별자치시장·특별자치도지사·시장 또는 군수가 관할구역에 대하여 다른 법률에 따른 환경·교통·수도·하수도·주택 등에 관한 ☐ 계획을 수립하는 때에는 도시·군☐계획의 내용과 부합되게 하여야 한다.

THEMA 02 광역도시계획 ▶ 1주차

01. **광역계획권**이 둘 이상의 시·도의 관할구역에 걸쳐 있는 경우에는 국토교통부장관 이 지정할 수 있다.

02. **광역계획권**이 도의 관할구역(시·군)에 걸쳐 있는 경우에는 도지사가 지정할 수 있다.

03. 도시·군기본계획의 내용이 광역도시계획의 내용과 다를 때에는 광역도시계획 의 내용이 우선한다.

04. **광역도시계획의 수립권자**[어디서요 ⇨ 내가 수립]
　① **같은 도**[시·군]: **시장·군수 공동수립** ⇨ **요청시에는 승인신청이 없다.**
　⇨ 시장·군수가 3년 이내 승인 신청 × : 도지사가 수립하여야 한다.
　⇨ 시장·군수가 요청 : 시장·군수와 도지사가 공동으로 수립할 수 있다.
　⇨ 시장·군수가 협의 + 요청시 ⇨ 단독 + 도지사가 수립할 수 있다.
　② **시·도에 걸친 경우**: **시·도지사 공동수립**하여야 한다.
　⇨ 시·도지사가 3년이 지날 때까지 승인 신청이 없는 경우: 국토교통 부장관이 수립하여야 한다.
　⇨ 국가계획 ⇨ 국토교통부장관이 수립[의무]하여야 한다.
　⇨ 시·도지사의 요청시 ⇨ 시·도지사 + 국토교통부장관이 공동으로 수립할 수 있다.

05. **공청회**: 공청회를 열어 주민 및 관계 전문가 등으로부터 의견을 들어야 하며, 타당한 의견은 반영하여야 한다. 일간신문, 관보, 공보, 인터넷 홈페이지 또는 방송 등의 방법으로 공청회 개최예정일 14일 전까지 1회 이상 공고해야 한다. ⇨ 공청회는 생략할 수 없다.
　　주의 광역도시계획과 도시·군기본계획은 ～일 나오면 모두 30일, 공청 회만 14일 전이다. ～년 모두 5년이나, 광역도시계획의 승인신청만 3년이다.

06. **기초조사정보체계**: 기초조사를 실시한 경우에는 기초조사정보체계를 구축·운영하여야 하며, 기초조사정보체계를 구축한 경우에는 등록된 정보의 현황을 5년마다 확인하고 변동사항을 반영하여야 한다.

THEMA 02 광역도시계획 ▶ 1주차

01. **광역계획권**이 둘 이상의 시·도의 관할구역에 걸쳐 있는 경우에는 □□□□ 이 지정할 수 있다.

02. **광역계획권**이 도의 관할구역(시·군)에 걸쳐 있는 경우에는 □□가 지정할 수 있다.

03. 도시·군기본계획의 내용이 광역도시계획의 내용과 다를 때에는 □□□□□ 의 내용이 우선한다.

04. **광역도시계획의 수립권자**[어디서요 ⇨ 내가 수립]
　① **같은 도**[시·군]: **시장·군수 공동수립** ⇨ **요청시에는 승인신청이 없다.**
　⇨ 시장·군수가 □년 이내 승인 신청 × : 도지사가 수립하여야 한다.
　⇨ 시장·군수가 □□ : 시장·군수와 도지사가 공동으로 수립할 수 있다.
　⇨ 시장·군수가 □□ + □□시 ⇨ 단독 + 도지사가 수립할 수 있다.
　② **시·도에 걸친 경우**: **시·도지사 공동수립**하여야 한다.
　⇨ 시·도지사가 □년이 지날 때까지 승인 신청이 없는 경우: 국토교통 부장관이 수립하여야 한다.
　⇨ □□□□ ⇨ 국토교통부장관이 수립[의무]하여야 한다.
　⇨ 시·도지사의 □□시 ⇨ 시·도지사 + 국토교통부장관이 공동으로 수립할 수 있다.

05. **공청회**: 공청회를 열어 □□ 및 관계 □□□ 등으로부터 의견을 들어야 하며, 타당한 의견은 반영하여야 한다. 일간신문, 관보, 공보, 인터넷 홈페이지 또는 방송 등의 방법으로 공청회 개최예정일 14일 □까지 1회 이상 공고해야 한다. ⇨ 공청회는 생략할 수 없다.
　　주의 광역도시계획과 도시·군기본계획은 ～일 나오면 모두 30일, 공청 회만 14일 전이다. ～년 모두 5년이나, 광역도시계획의 승인신청만 3년이다.

06. **기초조사정보체계**: 기초조사를 실시한 경우에는 기초조사정보체계를 구축·운영하여야 하며, 기초조사정보체계를 구축한 경우에는 등록된 정보의 현황을 □년마다 확인하고 변동사항을 반영하여야 한다.

THEMA 03 도시 · 군기본계획 ▶ 1주차

01. **법적성격** : 일반국민을 구속한다. [☒] ⇨ 행정소송의 대상이다. [☒] ⇨ 수립단위규정[☒] ⇨ 재검토[5년] ⇨ 법정계획이다. [○]

02. **수립권자** : 특별시장 · 광역시장 · 특별자치시장 · 특별자치도지사 · 시장 또는 군수만 수립[6짱]하여야 한다.
   [주의] 수립권자 : 국토교통부장관[☒], 도지사[☒]

03. 도시 · 군기본계획을 수립하지 아니할 수 있다.
   ① 수도권에 속하지 아니하고 광역시와 경계를 같이하지 아니하는 인구 10만 이하인 시 또는 군
   ② 관할구역 전부에 대하여 광역도시계획이 수립되어 있는 경우로서 광역도시계획에 도시 · 군기본계획에서 담을 내용이 모두 포함된 시 또는 군
   [주의] 내안에 너 있다.
   [주의] 특별시 · 광역시 · 특별자치시 · 특별자치도는 반드시 수립하여야 한다.

04. **지역여건상 인접 관할구역** 전부 또는 일부 **연계수립** ⇨ 인접한 시장 · 군수와 미리 협의하여야 한다. [주의] 공동수립[×]

05. **기초조사** : 광역도시계획의 기초조사 및 공청회를 준용한다.
   ① **내용** : 토지적성평가와 재해취약성분석 포함
   ② **도시 · 군기본계획의 입안일부터** 5년 이내에 토지적성평가를 실시한 경우 등 대통령령으로 정하는 경우에는 토지적성평가 또는 재해취약성분석을 하지 아니할 수 있다.

06. **승인권자** : 특별시장 · 광역시장 · 특별자치시장 · 특별자치도지사가 직접 확정한다. ☑ **국토교통부장관 승인[×]**
   [주의] 시장 또는 군수 ⇨ 도지사의 승인을 받아야 한다.

07. **타당성 검토** : 5년마다 타당성 여부를 **재검토**하여 정비하여야 한다.

08. **수립기준** : 도시 · 군기본계획의 수립기준은 대통령령이 정하는 바에 따라 국토교통부장관이 정한다.

THEMA 03 도시 · 군기본계획 ▶ 1주차

01. **법적성격** : 일반국민을 구속한다. [ ] ⇨ 행정소송의 대상이다. [ ] ⇨ 수립단위규정[ ] ⇨ 재검토[ ] ⇨ 법정계획이다. [ ]

02. **수립권자** : 특별시장 · 광역시장 · 특별자치시장 · 특별자치도지사 · 시장 또는 군수만 수립[6짱]하여야 한다.
   [주의] 수립권자 : 국토교통부장관[ ], 도지사[ ]

03. 도시 · 군기본계획을 수립하지 아니할 수 있다.
   ① □□□에 속하지 아니하고 □□□와 경계를 같이하지 아니하는 인구 □만 이하인 □ 또는 □
   ② 관할구역 □□에 대하여 광역도시계획이 수립되어 있는 경우로서 광역도시계획에 도시 · 군기본계획에서 담을 내용이 □□ 포함된 □ 또는 □
   [주의] 내안에 너 있다.
   [주의] 특별시 · 광역시 · 특별자치시 · 특별자치도는 반드시 수립하여야 한다.

04. **지역여건상 인접 관할구역** □□ 또는 □□ **연계수립** ⇨ 인접한 시장 · 군수와 미리 협의하여야 한다. [주의] 공동수립[×]

05. **기초조사** : 광역도시계획의 기초조사 및 공청회를 준용한다.
   ① **내용** : 토지적□평가와 재해취약□분석 포함
   ② **도시 · 군기본계획의 입안일부터** □년 이내에 토지적성평가를 실시한 경우 등 대통령령으로 정하는 경우에는 토지적성평가 또는 재해취약성분석을 하지 아니할 수 있다.

06. **승인권자** : 특별시장 · 광역시장 · 특별자치시장 · 특별자치도지사가 □□□□한다. ☑ **국토교통부장관 승인[×]**
   [주의] 시장 또는 군수 ⇨ 도지사의 승인을 받아야 한다.

07. **타당성 검토** : □년마다 타당성 여부를 **재검토**하여 정비하여야 한다.

08. **수립기준** : 도시 · 군기본계획의 수립기준은 대통령령이 정하는 바에 따라 □□□□□□이 정한다.

THEMA 04 도시·군관리계획 ▶1주차

01. **효력발생**: 지형도면을 고시한 날 ⇨ 재검토[5년] ⇨ 개발밀도관리구역과 기반시설부담구역의 지정은 도시·군관리계획의 내용이 아니다.

02. **주민의 입안제안[용산기지입지]**: [국공유지는 제외한다]

> 1. 용도지구 중 해당 용도지구에 따른 건축물이나 그 밖의 시설의 용도·종류 및 규모 등의 제한을 지구단위계획으로 대체하기 위한 용도지구 : 제안시 면적의 2/3 이상 동의
> 2. 산업·유통개발진흥지구의 지정 및 변경: 면적의 2/3 이상 동의
> 3. 기반시설의 설치·정비·개량에 관한 사항: 면적의 **4/5** 이상 동의
> 4. 지구단위계획의 수립 및 변경: 제안시 토지 면적의 2/3 이상 동의
> 5. 도시·군계획시설입체복합구역의 지정 및 변경과 도시·군계획시설입체복합구역의 건축제한·건폐율·용적률·높이 등에 관한 사항: 제안시 토지 면적의 2/3 이상 동의

03. **도시·군관리계획 결정권자**
① **원칙**: 시·도지사, 대도시 시장
다음의 도시·군관리계획은 시장 또는 군수가 **직접 결정**한다.

> 1. 시장 또는 군수가 입안한 지구단위계획의 수립·변경
> 2. 지구단위계획으로 대체하는 용도지구 폐지에 관한 도시·군관리계획 [시장(대도시 시장은 제외) 또는 군수가 도지사와 미리 협의한 경우에 한정]

② **예외**: 국토교통부장관 [주의] **도시자연공원구역** ⇨ **시·도지사, 대도시 시장**

> 1. 국토교통부장관이 입안한 도시·군관리계획
> 2. 개발제한구역의 지정 및 변경에 관한 도시·군관리계획
> 3. 시가화조정구역 중 국가계획과 연계지정
> [주의] 시가화조정구역 ⇨ 원칙: 시·도지사 지정
> 4. 수산자원보호구역 지정[해양수산부장관]

04. **기득권**: 수산자원보호구역·시가화조정구역 ⇨ **3개월 이내 신고 + 계속**

THEMA 04 도시·군관리계획 ▶1주차

01. **효력발생**: [　　　　　]을 고시한 날 ⇨ 재검토[5년] ⇨ 개발밀도관리구역과 기반시설부담구역의 지정은 도시·군관리계획의 내용이 아니다.

02. **주민의 입안제안[용산기지입지]**: [국공유지는 제외한다]

> 1. [　　　　　] 중 해당 용도지구에 따른 건축물이나 그 밖의 시설의 용도·종류 및 규모 등의 제한을 [　　　　　]으로 [　　] 하기 위한 용도지구 : 제안시 면적의 2/3 이상 동의
> 2. [　　　　　　　　　]의 지정 및 변경: 면적의 2/3 이상 동의
> 3. [　　　　]의 설치·정비·개량에 관한 사항: 면적의 **4/5** 이상 동의
> 4. [　　　　　]의 수립 및 변경: 제안시 토지 면적의 2/3 이상 동의
> 5. [　　　　　　]의 지정 및 변경과 [　　　　　　　　] 의 건축제한·건폐율·용적률·높이 등에 관한 사항: 제안시 토지 면적의 2/3 이상 동의

03. **도시·군관리계획 결정권자**
① **원칙**: 시·도지사, 대도시 시장
다음의 도시·군관리계획은 [　　] 또는 [　　]가 **직접 결정**한다.

> 1. 시장 또는 군수가 입안한 지구단위계획의 수립·변경
> 2. 지구단위계획으로 대체하는 용도지구 폐지에 관한 도시·군관리계획 [시장(대도시 시장은 제외) 또는 군수가 도지사와 미리 협의한 경우에 한정]

② **예외**: [　　　　　　] [주의] **도시자연공원구역** ⇨ **시·도지사, 대도시 시장**

> 1. 국토교통부장관이 입안한 도시·군관리계획
> 2. [　　　　　]의 지정 및 변경에 관한 도시·군관리계획
> 3. 시가화조정구역 중 [　　　　]과 연계지정
> [주의] 시가화조정구역 ⇨ 원칙: 시·도지사 지정
> 4. 수산자원보호구역 지정[　　　　　　]

04. **기득권**: [　　　　　　]·[　　　　　　] ⇨ **3개월 이내 신고 + 계속**

THEMA 05 용도지역 ▶ 2주차

01. 용도지역[중복 ×] : 도시 · 군관리계획으로 결정한다.

- 전용주거지역 : 양호한 주거환경 보호[제1종 : 단독/제2종 : 공동주택]
- 일반주거지역 : 편리한 주거환경 조성[제1종 : 저층주택/제2종 : 중층주택 / 제3종 : 중 · 고층주택]
- 준주거지역 : 주거기능 + 상업 및 업무기능 보완하기 위하여 필요
- 근린상업지역 : 일용품 및 서비스의 공급을 위하여 필요한 지역
- 전용공업지역 : 중화학공업, 공해성공업을 수용하기 위하여 필요
- 일반공업지역 : 환경을 저해하지 아니하는 공업의 배치 ⇨ 친환경
- 준공업지역 : 경공업 + 주거 + 상업 + 업무기능의 보완이 필요한 지역
- 보전녹지지역 : 녹지공간을 보전할 필요가 있는 지역
- 생산녹지지역 : 농업적 생산 + 개발을 유보할 필요가 있는 지역
- 자연녹지지역 : 불가피한 경우 제한적인 개발이 허용되는 지역
- 보전관리지역 : 자연환경보전지역으로 지정하여 관리하기 곤란한 지역
- 생산관리지역 : 농림지역으로 지정하여 관리하기 곤란한 지역
- 계획관리지역 : 도시지역으로의 편입이 예상되는 지역
- 농림지역 : 농업진흥지역 또는 보전산지 등으로서 농림업의 진흥과 산림의 보전을 위하여 필요한 지역
- 자연환경보전지역 : 자연환경 · 수자원 · 해안 · 생태계 · 상수원 및 국가유산기본법에 따른 국가유산보전과 수산자원의 보호 · 육성을 위하여 필요

▶ 시 · 도지사 또는 대도시 시장은 해당 시 · 도 또는 대도시의 도시 · 군계획조례로 정하는 바에 따라 도시 · 군관리계획결정으로 세분된 주거지역 · 상업지역 · 공업지역 · 녹지지역을 추가적으로 세분하여 지정할 수 있다.

THEMA 05 용도지역 ▶ 2주차

01. 용도지역[중복 ×] : 도시 · 군관리계획으로 결정한다.

- _____지역 : 양호한 주거환경 보호[제1종 : 단독/제2종 : 공동주택]
- _____지역 : 편리한 주거환경 조성[제1종 : 저층주택/제2종 : 중층주택 / 제3종 : 중 · 고층주택]
- _____지역 : 주거기능 + 상업 및 업무기능 보완하기 위하여 필요
- _____지역 : 일용품 및 서비스의 공급을 위하여 필요한 지역
- _____지역 : 중화학공업, 공해성공업을 수용하기 위하여 필요
- _____지역 : 환경을 저해하지 아니하는 공업의 배치 ⇨ 친환경
- _____지역 : 경공업 + 주거 + 상업 + 업무기능의 보완이 필요한 지역
- _____지역 : 녹지공간을 보전할 필요가 있는 지역
- _____지역 : 농업적 생산 + 개발을 유보할 필요가 있는 지역
- _____지역 : 불가피한 경우 제한적인 개발이 허용되는 지역
- _____지역 : 자연환경보전지역으로 지정하여 관리하기 곤란한 지역
- _____지역 : 농림지역으로 지정하여 관리하기 곤란한 지역
- _____지역 : 도시지역으로의 편입이 예상되는 지역
- _____ : 농업진흥지역 또는 보전산지 등으로서 농림업의 진흥과 산림의 보전을 위하여 필요한 지역
- 자연환경보전지역 : ☐연환경 · ☐자원 · ☐안 · 생태계 · 상☐원 및 국가유산기본법에 따른 ☐가유산보전과 ☐산자원의 보호 · 육성을 위하여 필요

▶ 시 · 도지사 또는 대도시 시장은 해당 시 · 도 또는 대도시의 도시 · 군계획조례로 정하는 바에 따라 도시 · 군관리계획결정으로 세분된 _____ · _____ · _____ · _____을 추가적으로 세분하여 지정할 수 있다.

02. 용도지역 지정의 특례

용도지역 지정 의제 + 고시 별도	공유수면 매립	매립목적이 이웃하고 있는 용도지역의 내용과 같으면	이웃하고 있는 용도지역으로 지정된 것으로 본다. + 고시는 하여야 한다[별도].
		매립목적이 이웃하고 있는 용도지역 내용과 다른 경우, 2 이상에 걸쳐, 2 이상에 이웃하고 있는 경우	도시 · 군관리계획결정으로 지정하여야 한다.
도시지역 결정 · 고시 의제	어항구역, 항만구역	도시지역에 연접한 공유수면	
	택지개발지구		
	국가산업단지 · 일반산업단지 · 도시첨단산업단지[농공단지 제외]		
	전원개발사업구역 및 예정구역[수력발전소, 송 · 변전설비 제외]		
관리지역	농지법에 따른 농업진흥지역으로 지정 · 고시된 지역	농림지역으로 결정 · 고시 의제[농농농 관리]	

03. 단독주택[×] : 유통상업지역 및 전용공업지역

04. 아파트[×] : 유통상업지역 · 전용공업지역 · 일반공업지역 · 녹지지역 · 관리지역 · 농림지역 · 자연환경보전지역 · 제1종 전용주거지역, 제1종 일반주거지역

05. 미지정 지역의 행위제한[보전 찾는다. 건축 가능]
   ① 도시지역 · 관리지역 · 농림지역 · 자연환경보전지역으로 미지정 ⇨ 자연환경보전지역의 건폐율, 용적률, 건축제한에 관한 규정을 적용한다.
   ② 도시지역 ⇨ 미세분 ⇨ 보전녹지지역에 관한 규정을 적용한다.
   관리지역 ⇨ 미세분 ⇨ 보전관리지역에 관한 규정을 적용한다.
   주의 건폐율은 20% 이하 ⇨ 용적률은 50% 이상 80% 이하

06. 용적률 큰 것부터 작은 것 순서 : 상업지역[중심, 일반, 유통, 근린] ⇨ 준주거지역 ⇨ 준공업지역 ⇨ 공업지역 ⇨ 주거지역[일반321/전용21] ⇨ 100% [제1종 전용주거지역, 생산녹지지역, 자연녹지지역, 계획관리지역] ⇨ 80%[보전녹지지역, 보전관리지역, 자연환경보전지역, 농림지역, 생산관리지역]
   주의 건폐율 배열 55/66/57/9887/777/녹관농자 = 다 20% 계만 40%

---

02. 용도지역 지정의 특례

용도지역 지정 의제 + 고시 별도	공유수면 매립	매립목적이 이웃하고 있는 용도지역의 내용과 ☐	이웃하고 있는 용도지역으로 지정된 것으로 본다. + 고시는 하여야 한다[별도].
		매립목적이 이웃하고 있는 용도지역 내용과 ☐ 경우, 2 이상에 ☐, 2 이상에 ☐ 하고 있는 경우	도시 · 군관리계획결정으로 지정하여야 한다.
도시지역 결정 · 고시 의제	어항구역, 항만구역	☐에 연접한 공유수면	
	택지개발지구		
	국가산업단지 · 일반산업단지 · 도시첨단산업단지[☐ 제외]		
	전원개발사업구역 및 예정구역[☐, 송 · 변전설비 제외]		
관리지역	☐지법에 따른 ☐업진흥지역으로 지정 · 고시된 지역	☐림지역으로 결정 · 고시 의제[농농농 관리]	

03. 단독주택[×] : ☐상업지역 및 ☐공업지역

04. 아파트[×] : ☐상업지역 · ☐공업지역 · ☐공업지역 · ☐지역 · ☐지역 · ☐지역 · ☐지역 · 제☐종 전용주거지역, 제☐종 일반주거지역

05. 미지정 지역의 행위제한[보전 찾는다. 건축 가능]
   ① 도시지역 · 관리지역 · 농림지역 · 자연환경보전지역으로 미지정 ⇨ 자연환경☐지역의 건폐율, 용적률, 건축제한에 관한 규정을 적용한다.
   ② 도시지역 ⇨ 미세분 ⇨ ☐녹지지역에 관한 규정을 적용한다.
   관리지역 ⇨ 미세분 ⇨ ☐관리지역에 관한 규정을 적용한다.
   주의 건폐율은 ☐% 이하 ⇨ 용적률은 ☐% 이상 ☐% 이하

06. 용적률 큰 것부터 작은 것 순서 : ☐업지역[중심, 일반, 유통, 근린] ⇨ ☐주거지역 ⇨ ☐공업지역 ⇨ ☐업지역 ⇨ ☐거지역[일반321/전용21] ⇨ 100% [제1종 전용주거지역, 생산녹지지역, 자연녹지지역, 계획관리지역] ⇨ 80%[☐녹지지역, ☐관리지역, 자연환경☐지역, ☐지역, ☐지역]
   주의 건폐율 배열 55/66/57/9887/777/녹관농자 = 다 20% 계만 40%

THEMA 06 용도지구 ▶ 2주차

01. 용도지구[중복 ○] : 도시·군관리계획으로 결정하는 지역을 말한다.

02. 용도지구 종류

① 경관지구[경관의 보전·관리 및 형성을 위하여 필요한 지구] ⇨ 특자시

② 고도지구[건축물 높이의 최고한도를 규제할 필요가 있는 지구] ⇨ 최저[×]

③ 방화지구[화재의 위험을 예방하기 위하여 필요한 지구]

④ 방재지구[재해를 예방하기 위하여 필요한 지구] ⇨ 시자

⑤ 보호지구[보존가치가 큰 지역의 보호와 보존을 위하여 필요] ⇨ 역중생

⑥ 개발진흥지구[개발·정비할 필요가 있는 지구] ⇨ 주산관복특

⑦ 취락지구[취락을 정비] ⇨ 집자

☑ 자연취락지구 : 녹지지역·관리지역·농림지역 또는 자연환경보전지역의 취락를 정비하기 위하여 필요한 지구(4층 이하, 장례식장×)

☑ 집단취락지구 : 개발제한구역의 취락을 정비하기 위하여 필요

⑧ 특정용도제한지구 : 주거 및 교육환경 보호나 청소년 보호 등의 목적으로 오염물질배출시설, 청소년유해시설 등 특정시설의 입지를 제한할 필요가 있는 지구

⑨ 복합용도지구 : 지역의 토지이용 상황, 개발 수요 및 주변 여건 등을 고려하여 효율적이고 복합적인 토지이용을 도모하기 위하여 특정시설의 입지를 완화할 필요가 있는 지구이며, 시·도지사 또는 대도시 시장은 일반주거지역, 일반공업지역, 계획관리지역에 복합용도지구를 지정할 수 있다.

03. 원칙 : 용도지구의 건축제한 ⇨ 도시·군계획조례

04. 예외 : 계획이나 개별법령

① 고도지구 : 도시·군관리계획

② 자연취락지구 : 국토의 계획 및 이용에 관한 법령

③ 집단취락지구 : 개발제한구역의 지정 및 관리에 관한 특별조치법령

05. 용도지역·용도지구에서의 도시·군계획시설[예정도로]에 대하여는 용도지역·용도지구에서의 건축제한 규정을 적용하지 아니한다.

THEMA 06 용도지구 ▶ 2주차

01. 용도지구[중복 ○] : 도시·군____계획으로 결정하는 지역을 말한다.

02. 용도지구 종류

① 경관지구[경관의 보전·관리 및 형성을 위하여 필요한 지구] ⇨ ____

② 고도지구[건축물 높이의 ____한도를 규제할 필요가 있는 지구] ⇨ 최저[×]

③ 방화지구[화재의 위험을 예방하기 위하여 필요한 지구]

④ 방재지구[재해를 예방하기 위하여 필요한 지구] ⇨ ____

⑤ 보호지구[보존가치가 큰 지역의 보호와 보존을 위하여 필요] ⇨ ____

⑥ 개발진흥지구[개발·정비할 필요가 있는 지구] ⇨ ____

⑦ 취락지구[취락을 정비] ⇨ ____

☑ 자연취락지구 : ____지지역·____리지역·____림지역 또는 ____연환경보전지역의 취락를 정비하기 위하여 필요한 지구(4층 이하, 장례식장×)

☑ 집단취락지구 : ____의 취락를 정비하기 위하여 필요

⑧ ____ : 주거 및 교육환경 보호나 청소년 보호 등의 목적으로 오염물질배출시설, 청소년유해시설 등 특정시설의 입지를 제한할 필요가 있는 지구

⑨ ____ : 지역의 토지이용 상황, 개발 수요 및 주변 여건 등을 고려하여 효율적이고 복합적인 토지이용을 도모하기 위하여 특정시설의 입지를 완화할 필요가 있는 지구이며, 시·도지사 또는 대도시 시장은 ____, ____, ____에 복합용도지구를 지정할 수 있다.

03. 원칙 : 용도지구의 건축제한 ⇨ 도시·군계획조례

04. 예외 : 계획이나 개별법령

① 고도지구 : 도시·군____계획

② 자연취락지구 : 국토의 계획 및 이용에 관한 법령

③ 집단취락지구 : ____의 지정 및 관리에 관한 특별조치법령

05. 용도지역·용도지구에서의 도시·군계획시설[예정도로]에 대하여는 용도지역·용도지구에서의 건축제한 규정을 ____.

THEMA 07 용도구역　▶2주차

01. **용도구역**[쎈놈 = 중복 ○] : 도시·군 관리 계획으로 결정할 수 있다.
02. **개발제한구역** : 국토교통부장관 이 지정 ⇨ 도시의 무질서한 확산방지, 국방부장관의 요청이 있어 보안상 이유로 지정할 수 있다.
03. **시가화조정구역** : 시·도지사 [국가계획 연계시 ⇨ 국토교통부장관]가 지정
04. **수산자원보호구역** : 해양수산부장관 이 지정할 수 있다.
05. **도시자연공원구역** : 시·도지사 , 대도시 시장 이 지정할 수 있다.
06. **시가화조정구역**
    ① 시·도지사 [국가계획 연계시 ⇨ 국토교통부장관]가 도시·군관리계획으로 결정
    ② **유보기간** : 5 년 이상 20 년 이내 ⇨ 유보기간이 끝난 날의 다음날 실효
    ③ **원칙** : 시가화조정구역에서 개발행위 금지
    ④ **예외** : **도시·군계획사업** ⇨ 허가·신고없이 할 수 있다.
    ⑤ **예외** : **도시·군계획사업 외[허가]** ⇨ 특별시장·광역시장·특별자치도지사·특별자치시장·시장 또는 군수[6짱]의 허가
    ☑ 농업·임업·어업용[축사, 퇴비사, 창고, 잠실, 양어장]
    ☑ 공익시설 · 공용시설 · 공공시설
    ☑ 주택의 증축 [신축 ×], 종교시설의 증축 [신축 ×]

THEMA 07 용도구역　▶2주차

01. **용도구역**[쎈놈 = 중복 ○] : 도시·군 □□□ 계획으로 결정할 수 있다.
02. **개발제한구역** : □□□□□ 이 지정 ⇨ 도시의 무질서한 확산방지, 국방부장관의 요청이 있어 □□□ 이유로 지정할 수 있다.
03. **시가화조정구역** : □□□□ [국가계획 연계시 ⇨ □□□□□]가 지정
04. **수산자원보호구역** : □□□□□ 이 지정할 수 있다.
05. **도시자연공원구역** : □□□ , □□□□ 이 지정할 수 있다.
06. **시가화조정구역**
    ① □□□□ [국가계획 연계시 ⇨ □□□□]가 도시·군관리계획으로 결정
    ② **유보기간** : □ 년 이상 □ 년 이내 ⇨ 유보기간이 끝난 날의 다음날 실효
    ③ **원칙** : 시가화조정구역에서 개발행위 금지
    ④ **예외** : **도시·군계획사업** ⇨ 허가·신고없이 할 수 있다.
    ⑤ **예외** : **도시·군계획사업 외[허가]** ⇨ 특별시장·광역시장·특별자치도지사·특별자치시장·시장 또는 군수[6짱]의 허가
    ☑ 농업·임업·어업용[축사, 퇴비사, 창고, 잠실, 양어장]
    ☑ □□□ · □□□ · □□□
    ☑ 주택의 □□ [신축 ×], 종교시설의 □□ [신축 ×]

07. **도시혁신구역의 지정 등** : 공간재구조화계획 결정권자(국토교통부장관, 시 · 도지사)는 도시 · 군기본계획에 따른 도심 · 부도심 또는 생활권의 중심지역, 주요 기반시설과 연계하여 지역의 거점 역할을 수행할 수 있는 지역을 도시혁신구역으로 지정할 수 있다.

08. **복합용도구역의 지정 등** : 공간재구조화계획 결정권자(국토교통부장관, 시 · 도지사)는 산업구조 또는 경제활동의 변화로 복합적 토지이용이 필요한 지역, 노후 건축물 등이 밀집하여 단계적 정비가 필요한 지역을 복합용도구역으로 지정할 수 있다

09. **도시 · 군계획시설입체복합구역의 지정** : 도시 · 군관리계획 결정권자는 도시 · 군계획시설의 입체복합적 활용을 위하여 도시 · 군계획시설 준공 후 10년이 경과한 경우로서 해당 시설의 개량 또는 정비가 필요한 경우, 주변지역 정비 또는 지역경제 활성화를 위하여 기반시설의 복합적 이용이 필요한 경우, 첨단기술을 적용한 새로운 형태의 기반시설 구축 등이 필요한 경우에 도시 · 군계획시설이 결정된 토지의 전부 또는 일부를 입체복합구역으로 지정할 수 있다.

07. **도시혁신구역의 지정 등** : _____(국토교통부장관, 시 · 도지사)는 도시 · 군기본계획에 따른 도심 · 부도심 또는 생활권의 _____, 주요 기반시설과 연계하여 □의 □ 역할을 수행할 수 있는 지역을 _____으로 지정할 수 있다.

08. **복합용도구역의 지정 등** : _____(국토교통부장관, 시 · 도지사)는 산업구조 또는 경제활동의 변화로 복합적 토지이용이 필요한 지역, 노후 건축물 등이 밀집하여 단계적 정비가 필요한 지역을 _____으로 지정할 수 있다

09. **도시 · 군계획시설입체복합구역의 지정** : _____는 도시 · 군계획시설의 입체복합적 활용을 위하여 도시 · 군계획시설 준공 후 □년이 경과한 경우로서 해당 시설의 개량 또는 정비가 필요한 경우, 주변지역 정비 또는 지역경제 활성화를 위하여 기반시설의 복합적 이용이 필요한 경우, 첨단기술을 적용한 새로운 형태의 기반시설 구축 등이 필요한 경우에 도시 · 군계획시설이 결정된 토지의 전부 또는 일부를 _____으로 지정할 수 있다.

THEMA 08 최대 건축 연면적 ▶ 2주차

01. 하나의 대지가 2 이상의 용도지역·용도지구 또는 용도구역에 걸친 경우

① 하나의 대지가 2 이상의 용도지역 등에 걸치는 경우 가장 작은 부분의 규모가 330㎡(도로변을 따라 띠모양으로 지정된 상업지역 ➾ 또띠상 660㎡) 이하인 경우

➾ 면적전체에 건폐율 및 용적률은 가중평균한 값을 적용하고

➾ 그 밖의 건축 제한은 가장 넓은 면적이 속하는 용도지역에 관한 규정을 적용한다.

② 용적률 300% ➾ 최대건축연면적이 대지면적의 3배가 되는 것을 말한다.

③ 최대 건축 연면적 계산문제 ➾ 무조건 각각 곱해서 더해라

02. 최대 건축연면적을 계산 문제 해결 공식[공식 그리는 연습]

전체면적 기재 [㎡]		최대 건축 연면적
용도지역 기재 [ ]	용도지역 기재 [ ]	
대지면적 기재 [㎡]	대지면적 기재 [㎡]	
용적률 기재 [%]	용적률 기재 [%]	
연면적 기재 [㎡]	연면적 기재 [㎡]	[㎡]

03. 건축물의 경우

① 고도지구: 건축물이 고도지구에 걸쳐 있는 경우에는 그 건축물 및 대지의 전부에 대하여 고도지구의 건축물 및 대지에 관한 규정을 적용한다.

② 방화지구: 하나의 건축물이 방화지구와 그 밖의 용도지역·용도지구 또는 용도구역에 걸쳐 있는 경우에는 건축물 전부에 대하여 방화지구 안의 건축물에 관한 규정을 적용한다. 다만, 그 건축물이 있는 방화지구와 그 밖의 용도지역·용도지구 또는 용도구역의 경계가 건축법의 규정에 따른 방화벽으로 구획되는 경우에는 각각을 적용한다.

04. 녹지지역과 그 외 지역 ➾ 각각(건폐율 및 용적률, 그 밖의 건축 제한)적용

THEMA 08 최대 건축 연면적 ▶ 2주차

01. 하나의 대지가 2 이상의 용도지역·용도지구 또는 용도구역에 걸친 경우

① 하나의 대지가 2 이상의 용도지역 등에 걸치는 경우 가장 작은 부분의 규모가 330㎡(도로변을 따라 띠모양으로 지정된 상업지역 ➾ 또띠상 660㎡) 이하인 경우

➾ 면적전체에 건폐율 및 용적률은 [   ]한 값을 적용하고

➾ 그 밖의 건축 제한은 가장 넓은 면적이 속하는 용도지역에 관한 규정을 적용한다.

② 용적률 300% ➾ 최대건축연면적이 대지면적의 3배가 되는 것을 말한다.

③ 최대 건축 연면적 계산문제 ➾ 무조건 각각 곱해서 더해라

02. 최대 건축연면적을 계산 문제 해결 공식[공식 그리는 연습]

전체면적 기재 [㎡]		최대 건축 연면적
용도지역 기재 [ ]	용도지역 기재 [ ]	
대지면적 기재 [㎡]	대지면적 기재 [㎡]	
용적률 기재 [%]	용적률 기재 [%]	
연면적 기재 [㎡]	연면적 기재 [㎡]	[㎡]

03. 건축물의 경우

① 고도지구: 건축물이 고도지구에 걸쳐 있는 경우에는 그 [   ]의 전부에 대하여 고도지구의 건축물 및 대지에 관한 규정을 적용한다.

② 방화지구: 하나의 건축물이 방화지구와 그 밖의 용도지역·용도지구 또는 용도구역에 걸쳐 있는 경우에는 [   ] 전부에 대하여 방화지구 안의 건축물에 관한 규정을 적용한다. 다만, 그 건축물이 있는 방화지구와 그 밖의 용도지역·용도지구 또는 용도구역의 경계가 건축법의 규정에 따른 방화벽으로 구획되는 경우에는 [   ]을 적용한다.

04. 녹지지역과 그 외 지역 ➾ 각각(건폐율 및 용적률, 그 밖의 건축 제한)적용

THEMA 09 도시·군계획시설사업 ▶ 3주차

01. 기반시설의 종류

① 교통시설 : 도로·철도·항만·공항·주차장·자동차정류장·궤도, 차량검사 및 면허시설

② 공간시설 : 광장·공원·녹지·유원지·공공공지

③ 유통·공급시설 : 유통업무설비·수도·전기·가스·열공급설비, 방송·통신시설, 공동구·시장, 유류저장 및 송유설비

④ 공공·문화체육시설 : 학교·공공청사·문화시설·공공필요성이 인정되는 체육시설·연구시설·사회복지시설·공공직업훈련시설·청소년수련시설

⑤ 방재시설 : 하천·유수지·저수지·방화설비·방풍설비·방수설비·사방설비·방조설비

⑥ 보건위생시설 : 장사시설·종합의료시설·도축장

⑦ 환경기초시설 : 하수도·폐기물처리 및 재활용 시설·빗물저장 및 이용시설·수질오염방지시설·폐차장

02. 공동구 : 유통·공급시설이다. ⇨ 지름 2m 이상으로 2자와 친하다.

① 도시개발구역, 택지개발지구, 경제자유구역, 정비구역, 공공주택지구, 도청이전신도시 등 200만㎡를 초과하는 시행자는 공동구 설치하여야 한다.

② 하수도관, 가스관 : 공동구협의회의 심의를 거쳐 수용할 수 있다.

③ 전기, 통신 등 공동구에 수용하여야 할 시설은 모두 수용의무[위반시 ⇨ 2/2]

④ 설치비용부담 : 공동구 점용예정자와 사업시행자[관리비 ⇨ 점용하는 자가 함께 부담한다. 점용면적을 고려하여 공동구관리자가 정한다.]

⑤ 공동구 안전 및 유지관리계획 : 5년마다 수립시행[안전점검 1년 1회↑]

03. 국가계획하면 모두 국토교통부장관이나 ⇨ 단! 국가계획으로 설치하는 광역시설은 법인[도로공사, 철도공사]이 설치·관리할 수 있다.

01. 기반시설의 종류

① _____ : 도로·철도·항만·공항·주차장·자동차정류장·궤도, 차량검사 및 면허시설

② _____ : 광장·공원·녹지·유원지·공공공지

③ _____ : 유통업무설비·수도·전기·가스·열공급설비, 방송·통신시설, 공동구·시장, 유류저장 및 송유설비

④ _____ : 학교·공공청사·문화시설·공공필요성이 인정되는 체육시설·연구시설·사회복지시설·공공직업훈련시설·청소년수련시설

⑤ _____ : 하천·유수지·저수지·방화설비·방풍설비·방수설비·사방설비·방조설비

⑥ _____ : 장사시설·종합의료시설·도축장

⑦ _____ : 하수도·폐기물처리 및 재활용 시설·빗물저장 및 이용시설·수질오염방지시설·폐차장

02. 공동구 : 유통·공급시설이다. ⇨ 지름 2m 이상으로 2자와 친하다.

① 도시개발구역, 택지개발지구, 경제자유구역, 정비구역, 공공주택지구, 도청이전신도시 등 ____만㎡를 초과하는 시행자는 공동구 설치하여야 한다.

② _____, _____ : 공동구협의회의 심의를 거쳐 수용할 수 있다.

③ 전기, 통신 등 공동구에 수용하여야 할 시설은 ____수용의무[위반시 ⇨ 2/2]

④ 설치비용부담 : 공동구 _____와 사업시행자[관리비 ⇨ 점용하는 자가 함께 부담한다. 점용면적을 고려하여 공동구관리자가 정한다.]

⑤ 공동구 안전 및 유지관리계획 : ☐년마다 수립시행[안전점검 1년 1회↑]

03. 국가계획하면 모두 _____이나 ⇨ 단! 국가계획으로 설치하는 광역시설은 ____[도로공사, 철도공사]이 설치·관리할 수 있다.

04. 도시 · 계획시설사업

① **민간시행자 지정요건** ⇨ 면적의 [2]/[3] 이상 소유와 총수의 [1]/[2] 이상 동의
　공공시행자 = LH공사, 지방공사등 ⇨ 동의×, 지정 ○

② **행정청이 아닌 시행자의 처분** ⇨ **시행자를** [지정한 자]에게 **행정심판을 제기**
　행정청인 시행자 ⇨ 행정심판법에 따라 행정심판 제기

③ **사업시행자 보호조치[특권]**
　1. 사업의 분할 시행[공구별로 실시계획을 작성가능]
　2. 관계 서류의 무상열람 · 교부청구
　3. 공시송달 특례[행정청이 아닌 시행자 ⇨ [승인]]
　4. 국공유지 처분제한 : 위반 ⇨ [무효]
　5. **수용 · 사용** : 시행자는 도시 · 군계획시설사업에 필요한 토지의 [수용]
　　또는 [사용] ⇨ 인접지 [사용][수용×] ⇨ [실시계획]의 [고시]는 사업인정 및
　　고시의제 ⇨ 공취법을 준용한다.
　6. **타인토지의 출입[7일 전 통지] 등** [장애물 변경제거, 임시통로, 재료적치장
　　⇨ 행정청, 비행정청 동의 ⇨ 3일 전 통지] [주의] 출7, 3등
　　⇨ 행정청은 허가×, 승인× ⇨ 일출 전, 일몰 후: 점유자의 승낙 없이 출입×
　　⇨ 손실보상: 행위자가 속한 [행정청] 또는 도시 · 군계획시설사업의 시행자
　　⇨ 무단 출입시 1,000만원 이하의 [과태료]에 처한다.

05. 10년 미집행 도시 · 군계획시설부지의 매수청구

　⇨ [10]년 미집행 ⇨ 지목 [대][건축물, 정착물 포함]인 토지소유자
　⇨ 특 · 광 · 특 · 특 · 시장 · 군수[시행자, 설치의무자와 관리의무자가 다른
　　경우 설치의무자]에게 매수청구 ⇨ [실시계획]인가시 매수청구[×]
　⇨ 매수여부결정 통보 [6]개월 ⇨ 매수기간 [2]년[6월이 네 2년]
　⇨ 매수가격, 매수절차 ⇨ 공취법 준용[공시지가×]
　⇨ 원칙 : 현금 ⇨ 예외 : 채권 ⇨ 매수의무자가 [지방자치단체]인 경우 발행
　⇨ [원]하는 경우[금액불문] ⇨ 부재부동산, 비업무용토지 [3]천 만원 초과 시
　⇨ [3]천 만원까지 현금 ⇨ [3]천 만원 초과부분
　⇨ 채권발행 ⇨ 지방재정법을 준용[채지방] ⇨ 상환기간 [10]년
　⇨ [20]년 되는 날의 [다음 날]에 그 효력을 잃는다. [실효]
　⇨ 매수거부, 2년이 지날 때까지 매수하지 아니[매수지연]한 경우 [허가] 받아:
　　3층 이하 단독주택, 3층 이하 제1종, 제2종 근생[단란주점, 안마시술소,
　　노래연습장, 다중생활시설 제외] 공작물[다세대 주택 ×, 다가구주택×]

04. 도시 · 계획시설사업

① **민간시행자 지정요건** ⇨ 면적의 □/□ 이상 소유와 총수의 □/□ 이상 동의
　공공시행자 = LH공사, 지방공사등 ⇨ 동의×, 지정 ○

② **행정청이 아닌 시행자의 처분** ⇨ **시행자를** [　　　　]에게 **행정심판을 제기**
　행정청인 시행자 ⇨ 행정심판법에 따라 행정심판 제기

③ **사업시행자 보호조치[특권]**
　1. 사업의 분할 시행[공구별로 실시계획을 작성가능]
　2. 관계 서류의 무상열람 · 교부청구
　3. 공시송달 특례[행정청이 아닌 시행자 ⇨ [　　]]
　4. 국공유지 처분제한 : 위반 ⇨ [　　]
　5. **수용 · 사용** : 시행자는 도시 · 군계획시설사업에 필요한 토지의 [　　]
　　또는 [　　] ⇨ 인접지 [　　][수용×] ⇨ [　　]의 [　　]는 사업인정 및
　　고시의제 ⇨ 공취법을 준용한다.
　6. **타인토지의 출입[7일 전 통지] 등** [장애물 변경제거, 임시통로, 재료적치장
　　⇨ 행정청, 비행정청 동의 ⇨ 3일 전 통지] [주의] 출7, 3등
　　⇨ 행정청은 허가×, 승인× ⇨ 일출 전, 일몰 후: 점유자의 승낙 없이 출입×
　　⇨ 손실보상: 행위자가 속한 [　　　] 또는 도시 · 군계획시설사업의 시행자
　　⇨ 무단 출입시 1,000만원 이하의 [　　　]에 처한다.

05. 10년 미집행 도시 · 군계획시설부지의 매수청구

　⇨ [　]년 미집행 ⇨ 지목 [　][건축물, 정착물 포함]인 토지소유자
　⇨ 특 · 광 · 특 · 특 · 시장 · 군수[시행자, 설치의무자와 관리의무자가 다른
　　경우 설치의무자]에게 매수청구 ⇨ [　　　　]인가시 매수청구[×]
　⇨ 매수여부결정 통보 [　]개월 ⇨ 매수기간 [　]년[6월이 네 2년]
　⇨ 매수가격, 매수절차 ⇨ 공취법 준용[공시지가×]
　⇨ 원칙 : 현금 ⇨ 예외 : 채권 ⇨ 매수의무자가 [　　　　]인 경우 발행
　⇨ [　]하는 경우[금액불문] ⇨ 부재부동산, 비업무용토지 [　]천 만원 초과 시
　⇨ [　]천 만원까지 현금 ⇨ [　]천 만원 초과부분
　⇨ 채권발행 ⇨ 지방재정법을 준용[채지방] ⇨ 상환기간 [　]년
　⇨ [　]년 되는 날의 [　　　]에 그 효력을 잃는다. [실효]
　⇨ 매수거부, 2년이 지날 때까지 매수하지 아니[매수지연]한 경우 [　　] 받아:
　　3층 이하 단독주택, 3층 이하 제1종, 제2종 근생[단란주점, 안마시술소,
　　노래연습장, 다중생활시설 제외] 공작물[다세대 주택 ×, 다가구주택×]

THEMA 10 지구단위계획 ▶ 3주차

01. **지구단위계획구역**[전부 또는 일부] **및 지구단위계획**[일부] ⇨ **신의 은총을 받은 깡패** ⇨ 국토교통부장관, 시·도지사, 시장·군수가 도시·군관리계획으로 결정한다.

02. **도시지역**

① **재량적 지정대상지역** ⇨ 개발가능성

개발제한구역·도시자연공원구역·공원·시가화조정구역에서 해제되는 구역, 도시개발구역, 정비구역, 택지개발지구를 지정할 수 있다.

　　주의 개발제한구역에서 해제되는 구역과 도시개발구역은 언제나 기간, 면적 관계없이 지정할 수 있다.

② **의무적 지정대상지역** ⇨ 지정하여야 한다.

> 1. 정비구역, 택지개발지구에서 사업이 끝난 후 10년이 지난 지역
> 2. 체계적·계획적인 개발 또는 관리가 필요한 면적이 30만㎡ 이상인
>   ㉠ 공원 또는 시가화조정구역에서 해제되는 지역
>   ㉡ 녹지지역에서 주거지역·상업지역 또는 공업지역으로 변경되는 지역

03. **도시지역 외의 지역**

① **계획관리지역** : 50% 이상

② **개발진흥지구**

③ 용도지구를 폐지하고 행위제한 등을 지구단위계획으로 대체하려는 지역

04. **필수적 포함사항** ⇨ 용기set

① 건축물의 용도제한, 기반시설의 배치와 규모

② 건축물 건폐율 또는 용적률, 건축물 높이의 최고한도·최저한도

05. **용도지역·용도지구를 그** 경계**의 범위 안에서 세분 또는 변경** ⇨ 이름의 변경이 없으면 **지구단위계획**[전용주거지역을 일반주거지역으로 변경, 주거개발진흥지구를 복합개발진흥지구로 변경]

THEMA 10 지구단위계획 ▶ 3주차

01. **지구단위계획구역**[전부 또는 일부] **및 지구단위계획**[일부] ⇨ **신의 은총을 받은 깡패** ⇨ 국토교통부장관, 시·도지사, ☐·☐가 도시·군☐계획으로 결정한다.

02. **도시지역**

① **재량적 지정대상지역** ⇨ 개발가능성

개발제한구역·도시자연공원구역·공원·시가화조정구역에서 ☐되는 구역, 도시개발구역, 정비구역, 택지개발지구를 지정할 수 있다.

　　주의 개발제한구역에서 해제되는 구역과 도시개발구역은 언제나 기간, 면적 관계없이 지정할 수 있다.

② **의무적 지정대상지역** ⇨ 지정하여야 한다.

> 1. 정비구역, 택지개발지구에서 사업이 끝난 후 ☐년이 지난 지역
> 2. 체계적·계획적인 개발 또는 관리가 필요한 면적이 ☐만㎡ 이상인
>   ㉠ 공원 또는 시가화조정구역에서 ☐되는 지역
>   ㉡ 녹지지역에서 ☐지역·☐지역 또는 ☐지역으로 변경되는 지역

03. **도시지역 외의 지역**

① **계획관리지역** : 50% 이상

② **개발진흥지구**

③ ☐를 폐지하고 행위제한 등을 지구단위계획으로 대체하려는 지역

04. **필수적 포함사항** ⇨ 용기set

① 건축물의 ☐, ☐의 배치와 규모

② 건축물 ☐ 또는 ☐, 건축물 ☐의 최고한도·최저한도

05. **용도지역·용도지구를 그** ☐**의 범위 안에서 세분 또는 변경** ⇨ 이름의 변경이 없으면 **지구단위계획**[전용주거지역을 일반주거지역으로 변경, 주거개발진흥지구를 복합개발진흥지구로 변경]

06. 도시지역 외의 지구단위계획으로 해당 용도지역 또는 개발진흥지구에 적용되는 건폐율의 150% 및 용적률의 200% 이내에서 완화하여 적용할 수 있다.

07. 주차장 설치기준 완화: 도시지역 내 지구단위계획구역의 지정이 한옥마을의 보존을 목적으로 하는 경우, 차 없는 거리를 조성하고자 하는 경우, 지구단위계획으로 보행자전용도로를 지정, 차량진입금지구간이 정하는 경우에는 지구단위계획으로 주차장법의 규정에 의한 주차장 설치기준을 100%까지 완화하여 적용할 수 있다. [도시지역에서 높이의 120% 이내 완화 적용]

08. 공공시설부지로 제공시

건폐율 완화: 건폐율 + [건폐율 × 제공면적/원래의 대지면적]

높이 완화: 높이 + [높이 × 제공면적/원래의 대지면적]

용적률 완화: 용적률 + [1.5 × 용적률 × 제공면적/제공 후 대지면적]

09. 지구단위계획구역에서의 건축 등: 지구단위계획구역에서 건축물(일정 기간 내 철거가 예상되는 경우 등 대통령령으로 정하는 가설건축물은 제외한다)을 건축 또는 용도변경하거나 공작물을 설치하려면 그 지구단위계획에 맞게 하여야 한다.

10. 지구단위계획구역의 지정에 관한 도시·군관리계획 결정의 고시일부터 3년 이내에 지구단위계획이 결정·고시되지 아니하면 그 3년이 되는 날의 다음 날에 지구단위계획구역의 지정에 관한 도시·군관리계획결정은 효력을 잃는다.

11. 지구단위계획(주민이 입안을 제안한 것에 한정한다)에 관한 도시·군관리계획결정의 고시일부터 5년 이내에 이 법 또는 다른 법률에 따라 허가·인가·승인 등을 받아 사업이나 공사에 착수하지 아니하면 그 5년이 된 날의 다음 날에 지구단위계획에 관한 도시·군관리계획결정은 효력을 잃는다.

06. 도시지역 외의 지구단위계획으로 해당 용도지역 또는 개발진흥지구에 적용되는 건폐율의 □% 및 용적률의 □% 이내에서 완화하여 적용할 수 있다.

07. 주차장 설치기준 완화: 도시지역 내 지구단위계획구역의 지정이 한옥마을의 보존을 목적으로 하는 경우, 차 없는 거리를 조성하고자 하는 경우, 지구단위계획으로 보행자전용도로를 시정, 차량신입금지구간이 정하는 경우에는 지구단위계획으로 주차장법의 규정에 의한 주차장 설치기준을 □%까지 완화하여 적용할 수 있다. [도시지역에서 높이의 □% 이내 완화 적용]

08. 공공시설부지로 제공시

건폐율 완화: 건폐율 + [건폐율 × 제공면적/□]

높이 완화: 높이 + [높이 × 제공면적/□]

용적률 완화: 용적률 + [□ × 용적률 × 제공면적/□]

09. 지구단위계획구역에서의 건축 등: 지구단위계획구역에서 건축물(일정 기간 내 철거가 예상되는 경우 등 대통령령으로 정하는 □은 제외한다)을 건축 또는 용도변경하거나 공작물을 설치하려면 그 지구단위계획에 맞게 하여야 한다.

10. 지구단위계획구역의 지정에 관한 도시·군관리계획 결정의 고시일부터 □년 이내에 지구단위계획이 결정·고시되지 아니하면 그 □년이 되는 날의 □에 지구단위계획구역의 지정에 관한 도시·군관리계획결정은 효력을 잃는다.

11. 지구단위계획(주민이 입안을 제안한 것에 한정한다)에 관한 도시·군관리계획결정의 고시일부터 □년 이내에 이 법 또는 다른 법률에 따라 허가·인가·승인 등을 받아 사업이나 공사에 착수하지 아니하면 그 □년이 된 날의 □에 지구단위계획에 관한 도시·군관리계획결정은 효력을 잃는다.

THEMA 11 개발행위허가 ▶ 3주차

01. **개발행위허가**[특별시장·광역시장·특자시·특자도·시장 또는 군수 = 6짱]
　① 도시·군계획사업[도시·군계획시설사업, 개발사업, 정비사업]은 허가 ✕
　② 경작을 위한 형질변경 허가 ✕ ⇨ 지목변경 수반시[허가 ○]
　　⇨ 전답 사이의 변경[허가 ✕]
　③ 재해복구·재난수습을 위한 응급조치[1개월 신고]
　④ **경미한 변경**: 사업기간 단축, 부지면적 및 건축물 연면적 5% 범위에서 축소(공작물의 무게, 부피 또는 수평투영면적을 5% 범위에서 축소하는 경우를 포함), 공작물의 위치를 1m 범위에서 변경하는 경우 ⇨ 통지[허가 ✕]하여야 한다. ⇨ 확대나 연장은 허가를 받아야 한다.
　⑤ 행정재산 중 용도폐지되는 부분의 분할, 일반재산을 매각·교환·양여하기 위한 분할, 토지의 일부를 국유지 또는 공유지로 하거나 공공시설로 사용하기 위한 토지의 분할은 허가를 받지 아니한다.

02. **허가[형질변경]규모** ⇨ 일정규모 미만이면 허가 받는다.
　① 주거지역, 상업지역, 생산녹지지역, 자연녹지지역 = 1만m² 미만
　② 농림지역, 공업지역, 관리지역 = 3만m² 미만 ⇨ 보전관리지역 = 3만m² 미만
　③ 보전녹지지역, 자연환경보전지역 = 5천m² 미만

03. **의견청취**[동의 ✕]: 도시·군계획사업시행자, 공공시설관리청, 허가신청자의 의견을 청취하여야 한다.

04. **도시계획위원회 심의**: 지구단위계획 또는 성장관리계획을 수립한 지역에서 하는 개발행위는 도시계획위원회 심의를 거치지 아니한다.

05. **이행보증금**[굴비발차기] ⇨ 국가, 지방자치단체, 공공기관, 공공단체는 예치하지 아니한다.

THEMA 11 개발행위허가 ▶ 3주차

01. **개발행위허가**[특별시장·광역시장·특자시·특자도·시장 또는 군수 = 6짱]
　① ＿＿＿＿＿＿[도시·군계획시설사업, 개발사업, 정비사업]은 허가 ✕
　② ＿＿을 위한 형질변경 허가 ✕ ⇨ ＿＿＿＿ 수반시[허가 ○]
　　⇨ ＿＿ 사이의 변경[허가 ✕]
　③ 재해복구·재난수습을 위한 응급조치[1개월 ＿＿]
　④ **경미한 변경**: 사업기간 ＿＿, 부지면적 및 건축물 연면적 5% 범위에서 ＿＿(공작물의 무게, 부피 또는 수평투영면적을 5% 범위에서 축소하는 경우를 포함), 공작물의 위치를 1m 범위에서 변경하는 경우 ⇨ 통지[허가 ✕]하여야 한다. ⇨ 확대나 연장은 허가를 받아야 한다.
　⑤ ＿＿재산 중 용도폐지되는 부분의 분할, ＿＿재산을 매각·교환·양여하기 위한 분할, 토지의 일부를 국유지 또는 공유지로 하거나 공공시설로 사용하기 위한 토지의 분할은 허가를 받지 아니한다.

02. **허가[형질변경]규모** ⇨ 일정규모 미만이면 허가 받는다.
　① 주거지역, 상업지역, 생산녹지지역, 자연녹지지역 = ＿만m² 미만
　② 농림지역, 공업지역, 관리지역 = ＿만m² 미만 ⇨ 보전관리지역 = ＿만m² 미만
　③ 보전녹지지역, 자연환경보전지역 = ＿천m² 미만

03. **의견청취**[＿＿ ✕]: 도시·군계획사업시행자, 공공시설관리청, 허가신청자의 의견을 청취하여야 한다.

04. **도시계획위원회 심의**: ＿＿＿＿＿＿ 또는 ＿＿＿＿＿＿을 수립한 지역에서 하는 개발행위는 도시계획위원회 심의를 거치지 아니한다.

05. **이행보증금**[굴비발차기] ⇨ 국가, 지방자치단체, 공공기관, 공공단체는 예치하지 ＿＿＿＿.

06. 개발행위허가 제한사유

① 녹계수우~~ 오염 손상(최장 3 년)

> 1. 녹지지역이나 계획관리지역으로서 수목이 집단적으로 자라고 있거나 조수류 등이 집단적으로 서식하고 있는 지역 또는 우량농지로 보전할 필요가 있는 지역
> 2. 개발행위로 주변환경·경관·미관·국가유산기본법에 따른 국가유산 등이 크게 오염되거나 손상될 우려가 있는 지역

② 기관지기2 ⇨ 3년 + 연장 2년[연장시 심의 ×] ⇨ 최장 5 년

> 1. 도시·군기본계획 또는 도시·군관리계획을 수립하고 있는 지역
> 2. 지구단위계획구역으로 지정된 지역(광역도시계획 ×)
> 3. 기반시설부담구역으로 지정된 지역

07. 준공검사 : 건축물의 건축, 공작물의 설치, 토지의 형질변경, 토석의 채취 는 준공검사 대상.

단, 토지분할, 물건을 쌓아 놓는 행위 ⇨ 준공검사를 받지 않는다.

08. 성장관리계획 : 특별시장·광역시장·특별자치시장·특별자치도지사·시장 또는 군수[6짱]가 녹지지역, 관리지역, 농림지역 및 자연환경보전지역 에 대하여 성장관리계획구역을 지정할 수 있다. ⇨ 주거, 상업, 공업지역(×)

09. 용적률 완화 : 성장관리계획구역 내 계획관리지역에서는 125 % 이하의 범위에서 성장관리계획으로 정하는 바에 따라 특별시·광역시·특별자치시·특별자치도·시 또는 군의 조례로 정하는 비율까지 용적률을 완화하여 적용할 수 있다. [건폐율은 해당 용도지역의 건폐율에 + 10% 완화]

10. 재검토 : 특별시장·광역시장·특별자치시장·특별자치도지사·시장 또는 군수는 5 년마다 관할구역 내 수립된 성장관리계획에 대하여 대통령령으로 정하는 바에 따라 그 타당성 여부를 전반적으로 재검토하여 정비하여야 한다.

---

06. 개발행위허가 제한사유

① 녹계수우~~ 오염 손상(최장 □ 년)

> 1. 녹지지역이나 계획관리지역으로서 수목이 집단적으로 자라고 있거나 조수류 등이 집단적으로 서식하고 있는 지역 또는 우량농지로 보전할 필요가 있는 지역
> 2. 개발행위로 주변환경·경관·미관·국가유산기본법에 따른 국가유산 등이 크게 오염되거나 손상될 우려가 있는 지역

② 기관지기2 ⇨ 3년 + 연장 2년[연장시 심의 ×] ⇨ 최장 □ 년

> 1. 도시·군기본계획 또는 도시·군관리계획을 수립하고 있는 지역
> 2. 지구단위계획구역으로 지정된 지역(광역도시계획 ×)
> 3. 기반시설부담구역으로 지정된 지역

07. 준공검사 : 건축물의 건축, 공작물의 설치, 토지의 형질변경, [   ]는 준공검사 대상.

단, [   ], 물건을 쌓아 놓는 행위 ⇨ 준공검사를 받지 않는다.

08. 성장관리계획 : 특별시장·광역시장·특별자치시장·특별자치도지사·시장 또는 군수[6짱]가 [   ], [   ], [   ] 및 [   ] 에 대하여 성장관리계획구역을 지정할 수 있다. ⇨ 주거, 상업, 공업지역(×)

09. 용적률 완화 : 성장관리계획구역 내 계획관리지역에서는 □ % 이하의 범위에서 성장관리계획으로 정하는 바에 따라 특별시·광역시·특별자치시·특별자치도·시 또는 군의 조례로 정하는 비율까지 용적률을 완화하여 적용할 수 있다. [건폐율은 해당 용도지역의 건폐율에 + 10% 완화]

10. 재검토 : 특별시장·광역시장·특별자치시장·특별자치도지사·시장 또는 군수는 □ 년마다 관할구역 내 수립된 성장관리계획에 대하여 대통령령으로 정하는 바에 따라 그 타당성 여부를 전반적으로 재검토하여 정비하여야 한다.

THEMA 12 개발밀도관리구역 및 기반시설부담구역 ▶ 3주차

01. **개발밀도관리구역**[작게 지어라 = 특·광·특·특·시장·군수 = 6짱]
　① **지정기준**[국토교통부장관 ⇨ 2년, 20% 학교가 고려대상이다.]
　② **대상**: **주거·상업·공업지역** ⇨ 기반시설 변화[주기적 검토] ⇨ 경계선을 분명하게 구분 ⇨ 지정절차 ⇨ [지방]심의 + 고시 ⇨ 주민의 의견청취 ×
　③ **법률**: 건폐율이나 용적률 강화
　④ **대통령령**: 용적률의 최대한도의 50% 강화

02. **기반시설부담구역**[개발밀도관리구역 외 지역 = 중복 ×]
　① **기반시설부담구역 지정의무** ⇨ 장래 개발집중 예상
　　행위제한이 완화되거나 해제되는 지역 ⇨ 개발행위 허가 건수가 20% 이상 증가 ⇨ 인구증가율이 20% 이상 높은 지역
　　⇨ **설치대상 기반시설**: 도로, 공원, 녹지, 수도, 하수도 등이다. [대학 ×]
　② **지정기준**: 국토교통부장관[최소 10만m² 이상 규모]이 정함
　③ **해제**: 기반시설설치계획을 수립하지 아니하면 1년이 되는 날 다음 날에 **해제**된 것으로 본다. 이 경우 기반시설설치계획을 수립하면 도시·군관리계획에 반영하여야 한다.
　④ **납부방법**: 현금, 신용카드 또는 직불카드로 납부를 원칙으로 하되, 부과대상 토지 및 이와 비슷한 토지로 하는 납부 물납를 인정할 수 있다.
　⑤ **부담금 부과대상**: 단독주택 및 숙박시설 등 200m²를 초과하는 신축·증축행위로 한다. 다만, 기존 건축물을 철거하고 신축하는 경우에는 기존 건축물의 건축연면적을 초과하는 건축행위만 부과대상으로 한다.
　⑥ **기반시설설치비용을 납부**: 건축행위를 하는 자[위탁이나 도급은 위탁이나 도급한 자, 임차하여 건축행위를 하는 경우에는 그 행위자(임차인), 그 지위를 승계한 자]가 내야 한다.

03. **청문**[각 종 취소전에 변명의 기회 제공]
　개발행위허가의 취소
　실시계획인가의 취소
　도시·군계획시설사업의 시행자 지정 취소

THEMA 12 개발밀도관리구역 및 기반시설부담구역 ▶ 3주차

01. **개발밀도관리구역**[작게 지어라 = 특·광·특·특·시장·군수 = 6짱]
　① **지정기준**[국토교통부장관 ⇨ 2년, 20% ___가 고려대상이다.]
　② **대상**: **주거·상업·공업지역** ⇨ 기반시설 변화[주기적 검토] ⇨ 경계선을 ___하게 구분 ⇨ 지정절차 ⇨ [지방]심의 + 고시 ⇨ ___의 의견청취 ×
　③ **법률**: 건폐율이나 용적률 ___
　④ **대통령령**: 용적률의 최대한도의 ___% 강화

02. **기반시설부담구역**[개발밀도관리구역 외 지역 = 중복 ×]
　① **기반시설부담구역 지정의무** ⇨ 장래 개발집중 예상
　　행위제한이 ___되거나 ___되는 지역 ⇨ 개발행위 허가 건수가 ___% 이상 증가 ⇨ 인구증가율이 ___% 이상 높은 지역
　　⇨ **설치대상 기반시설**: 도로, 공원, 녹지, 수도, 하수도 등이다. [___ ×]
　② **지정기준**: 국토교통부장관[최소 ___만m² 이상 규모]이 정함
　③ **해제**: 기반시설설치계획을 수립하지 아니하면 ___년이 되는 날 다음 날에 **해제**된 것으로 본다. 이 경우 기반시설설치계획을 수립하면 ___에 반영하여야 한다.
　④ **납부방법**: ___, 신용카드 또는 직불카드로 납부를 원칙으로 하되, 부과대상 토지 및 이와 비슷한 토지로 하는 납부[___]를 인정할 수 있다.
　⑤ **부담금 부과대상**: 단독주택 및 숙박시설 등 ___m²를 초과하는 신축·증축행위로 한다. 다만, 기존 건축물을 철거하고 신축하는 경우에는 기존 건축물의 건축연면적을 ___하는 건축행위만 부과대상으로 한다.
　⑥ **기반시설설치비용을 납부**: ___를 하는 자[위탁이나 도급은 위탁이나 도급한 자, 임차하여 건축행위를 하는 경우에는 그 행위자(임차인), 그 지위를 승계한 자]가 내야 한다.

03. **청문**[각 종 취소전에 변명의 기회 제공]
　___의 취소
　___의 취소
　___의 시행자 지정 취소

THEMA 01 용어정의

01. [   ] : 특별시·광역시·특별자치시·특별자치도·시 또는 군 ⇨ 광역시의 군은 [   ]

02. [   ] : **중앙행정기관이 수립** ⇨ 도시·군기본계획 내용 ⇨ 도시·군관리계획으로 결정하여야 할 사항이 포함된 계획을 말한다.

03. **광역도시계획** : [   ]의 장기발전방향을 제시하는 계획을 말한다.

04. **도시·군기본계획** : 특별시·광역시·특별자치시·특별자치도·시 또는 군의 관할구역 및 생활권 대하여 [   ]적인 공간구조와 장기발전방향을 제시하는 종합계획으로서 도시·군관리계획 수립의 [   ]이 되는 계획을 말한다.

05. **도시·군관리계획** : 특별시·광역시·특별자치시·특별자치도·시 또는 군의 [   ]·[   ] 및 [   ]을 위하여 수립하는 계획을 말한다.

06. **도시·군계획** : 도시·군[   ]계획과 도시·군[   ]계획으로 구분한다.

07. **지구단위계획** : 도시·군계획수립 대상지역의 [   ] + 체계적·계획적으로 관리하기 위하여 수립하는 도시·군[   ]계획을 말한다.

08. **도시·군계획시설** : [   ] 중 도시·군관리계획으로 결정된 시설[기반시설은 도로이다. = 짧다. 길면 틀린 문장이다.]

09. **도시·군계획사업** : [   ] + [   ] + [   ]을 말한다.

10. **개발밀도관리구역** : 개발로 인하여 기반시설이 부족이 **예상** ⇨ 설치가 **곤란** [용이 ×] ⇨ **건폐율 또는 용적률을** [   ]하여 적용하기 위하여 지정한다.

11. **기반시설부담구역** : **개발밀도관리구역** [   ]의 지역 ⇨ 도로, 공원, 녹지 등[대학 ×] 기반시설의 설치가 필요한 지역을 대상으로 기반시설을 설치하거나 그에 필요한 용지를 확보하게 하기 위하여 지정·고시하는 구역을 말한다.

12. 특별시장·광역시장·특별자치시장·특별자치도지사·시장 또는 군수가 관할구역에 대하여 다른 법률에 따른 환경·교통·수도·하수도·주택 등에 관한 [   ] 계획을 수립하는 때에는 도시·군[   ]계획의 내용과 부합되게 하여야 한다.

THEMA 02 광역도시계획

01. **광역계획권**이 둘 이상의 시·도의 관할구역에 걸쳐 있는 경우에는 [   ]이 지정할 수 있다.

02. **광역계획권**이 도의 관할구역(시·군)에 걸쳐 있는 경우에는 [   ]가 지정할 수 있다.

03. **도시·군기본계획**의 내용이 광역도시계획의 내용과 다를 때에는 [   ]의 내용이 우선한다.

04. **광역도시계획의 수립권자**[어디서요 ⇨ 내가 수립]
   ① **같은 도**[시·군] : **시장·군수 공동수립** ⇨ **요청시에는 승인신청이 없다.**
   ⇨ 시장·군수가 [ ]년 이내 승인 신청 × : 도지사가 수립하여야 한다.
   ⇨ 시장·군수가 [   ] : 시장·군수와 도지사가 공동으로 수립할 수 있다.
   ⇨ 시장·군수가 [   ] + [   ]시 ⇨ 단독 + 도지사가 수립할 수 있다.
   ② **시·도에 걸친 경우** : **시·도지사 공동수립**하여야 한다.
   ⇨ 시·도지사가 [ ]년이 지날 때까지 승인 신청이 없는 경우 : 국토교통부장관이 수립하여야 한다.
   ⇨ [   ] ⇨ 국토교통부장관이 수립[의무]하여야 한다.
   ⇨ 시·도지사의 [   ]시 ⇨ 시·도지사 + 국토교통부장관이 공동으로 수립할 수 있다.

05. **공청회** : 공청회를 열어 [   ] 및 관계 [   ] 등으로부터 의견을 들어야 하며, 타당한 의견은 반영하여야 한다. 일간신문, 관보, 공보, 인터넷 홈페이지 또는 방송 등의 방법으로 공청회 개최예정일 14일 [ ]까지 1회 이상 공고해야 한다. ⇨ 공청회는 생략할 수 없다.
   주의 광역도시계획과 도시·군기본계획은 ~일 나오면 모두 30일, 공청회만 14일 전이다. ~년 모두 5년이나, 광역도시계획의 승인신청만 3년이다.

06. **기초조사정보체계** : 기초조사를 실시한 경우에는 기초조사정보체계를 구축·운영하여야 하며, 기초조사정보체계를 구축한 경우에는 등록된 정보의 현황을 [ ]년마다 확인하고 변동사항을 반영하여야 한다.

THEMA 03 도시·군기본계획

01. 법적성격: 일반국민을 구속한다. [   ] ⇨ 행정소송의 대상이다. [   ] ⇨ 수립단위규정[   ] ⇨ 재검토[   ] ⇨ 법정계획이다. [   ]

02. 수립권자: 특별시장·광역시장·특별자치시장·특별자치도지사·시장 또는 군수만 수립[6짱]하여야 한다.

　주의 수립권자: 국토교통부장관[   ], 도지사[   ]

03. 도시·군기본계획을 수립하지 아니할 수 있다.

　① [   ]에 속하지 아니하고 [   ]와 경계를 같이 하지 아니하는 인구 [   ]만 이하인 [   ] 또는 [   ]

　② 관할구역 [   ]에 대하여 광역도시계획이 수립되어 있는 경우로서 광역도시계획에 도시·군기본계획에서 담을 내용이 [   ] 포함된 [   ] 또는 [   ]

　주의 내안에 너 있다.

　주의 특별시·광역시·특별자치시·특별자치도는 반드시 수립하여야 한다.

04. 지역여건상 인접 관할구역 [   ] 또는 [   ] **연계수립** ⇨ 인접한 시장·군수와 미리 협의하여야 한다. 　주의 공동수립[×]

05. 기초조사: 광역도시계획의 기초조사 및 공청회를 준용한다.

　① **내용**: 토지적[   ]평가와 재해취약[   ]분석 포함

　② **도시·군기본계획의 입안일부터** [   ]년 이내에 토지적성평가를 실시한 경우 등 대통령령으로 정하는 경우에는 토지적성평가 또는 재해취약성분석을 하지 아니할 수 있다.

06. 승인권자: 특별시장·광역시장·특별자치시장·특별자치도지사가 [   ] 한다. ☑ **국토교통부장관 승인[×]**

　주의 시장 또는 군수 ⇨ 도지사의 승인을 받아야 한다.

07. 타당성 검토: [   ]년마다 타당성 여부를 **재검토**하여 정비하여야 한다.

08. 수립기준: 도시·군기본계획의 수립기준은 대통령령이 정하는 바에 따라 [   ]이 정한다.

THEMA 04 도시·군관리계획

01. 효력발생: [   ]을 고시한 날 ⇨ 재검토[5년] ⇨ 개발밀도관리구역과 기반시설부담구역의 지정은 도시·군관리계획의 내용이 아니다.

02. 주민의 입안제안[용산기지입지]: [국공유지는 제외한다]

> 1. [   ] 중 해당 용도지구에 따른 건축물이나 그 밖의 시설의 용도·종류 및 규모 등의 제한을 [   ]으로 [   ]하기 위한 용도지구 : 제안시 면적의 2/3 이상 동의
> 2. [   ]의 지정 및 변경 : 면적의 2/3 이상 동의
> 3. [   ]의 설치·정비·개량에 관한 사항 : 면적의 4/5 이상 동의
> 4. [   ]의 수립 및 변경 : 제안시 토지 면적의 2/3 이상 동의
> 5. [   ]의 지정 및 변경과 [   ][   ]의 건축제한·건폐율·용적률·높이 등에 관한 사항 : 제안시 토지 면적의 2/3 이상 동의

03. 도시·군관리계획 결정권자

　① **원칙**: 시·도지사, 대도시 시장

　　다음의 도시·군관리계획은 [   ] 또는 [   ]가 **직접 결정한다.**

> 1. 시장 또는 군수가 입안한 지구단위계획의 수립·변경
> 2. 지구단위계획으로 대체하는 용도지구 폐지에 관한 도시·군관리계획 [시장(대도시 시장은 제외) 또는 군수가 도지사와 미리 협의한 경우에 한정]

　② **예외**: [   ] 　주의 **도시자연공원구역** ⇨ **시·도지사, 대도시 시장**

> 1. 국토교통부장관이 입안한 도시·군관리계획
> 2. [   ]의 지정 및 변경에 관한 도시·군관리계획
> 3. 시가화조정구역 중 [   ]과 연계지정
> 　주의 시가화조정구역 ⇨ 원칙: 시·도지사 지정
> 4. 수산자원보호구역 지정[   ]

04. 기득권: [   ]·[   ] ⇨ **3개월 이내 신고 + 계속**

용도지역

01. 용도지역[중복 ×] : 도시·군관리계획으로 결정한다.
- ☐☐☐☐지역 : 양호한 주거환경 보호[제1종 : 단독/제2종 : 공동주택]
- ☐☐☐☐지역 : 편리한 주거환경 조성[제1종 : 저층주택/제2종 : 중층주택 / 제3종 : 중·고층주택]
- ☐☐☐☐지역 : 주거기능 + 상업 및 업무기능 보완하기 위하여 필요
- ☐☐☐☐지역 : 일용품 및 서비스의 공급을 위하여 필요한 지역
- ☐☐☐☐지역 : 중화학공업, 공해성공업을 수용하기 위하여 필요
- ☐☐☐☐지역 : 환경을 저해하지 아니하는 공업의 배치 ⇨ 친환경
- ☐☐☐☐지역 : 경공업 + 주거 + 상업 + 업무기능의 보완이 필요한 지역
- ☐☐☐☐지역 : 녹지공간을 보전할 필요가 있는 지역
- ☐☐☐☐지역 : 농업적 생산 + 개발을 유보할 필요가 있는 지역
- ☐☐☐☐지역 : 불가피한 경우 제한적인 개발이 허용되는 지역
- ☐☐☐☐지역 : 자연환경보전지역으로 지정하여 관리하기 곤란한 지역
- ☐☐☐☐지역 : 농림지역으로 지정하여 관리하기 곤란한 지역
- ☐☐☐☐지역 : 도시지역으로의 편입이 예상되는 지역
- ☐☐☐☐ : 농업진흥지역 또는 보전산지 등으로서 농림업의 진흥과 산림의 보전을 위하여 필요한 지역
- 자연환경보전지역 : ☐연환경 · ☐자원 · ☐안 · 생태계 · 상☐원 및 국가유산기본법에 따른 ☐가유산보전과 ☐산자원의 보호·육성을 위하여 필요

▶ 시·도지사 또는 대도시 시장은 해당 시·도 또는 대도시의 도시·군계획조례로 정하는 바에 따라 도시·군관리계획결정으로 세분된 ☐☐☐ · ☐☐☐ · ☐☐☐ · ☐☐☐을 추가적으로 세분하여 지정할 수 있다.

02. 용도지역 지정의 특례

용도지역지정의제 + 고시별도	공유수면매립	매립목적이 이웃하고 있는 용도지역의 내용과 ☐☐☐☐	이웃하고 있는 용도지역으로 지정된 것으로 본다. + 고시는 하여야 한다[별도].
		매립목적이 이웃하고 있는 용도지역 내용과 ☐☐☐ 경우, 2 이상에 ☐☐☐, 2 이상에 ☐☐☐ 하고 있는 경우	도시·군관리계획결정으로 지정하여야 한다.
도시지역 결정·고시의제		어항구역, 항만구역 ☐☐☐☐☐에 연접한 공유수면	
		택지개발지구	
		국가산업단지·일반산업단지·도시첨단산업단지[☐☐☐☐제외]	
		전원개발사업구역 및 예정구역[☐☐☐☐, 송·변전설비 제외]	
관리지역		☐지법에 따른 ☐업진흥지역으로 지정·고시된 지역	☐림지역으로 결정·고시의제[농농농 관리]

03. 단독주택[×] : ☐☐☐상업지역 및 ☐☐☐공업지역

04. 아파트[×] : ☐☐☐상업지역 · ☐☐☐공업지역 · ☐☐☐공업지역 · ☐☐☐지역 · ☐☐☐지역 · ☐☐☐지역 · ☐☐☐☐지역 · 제☐종 전용주거지역, 제☐종 일반주거지역

05. 미지정 지역의 행위제한[보전 찾는다. 건축 가능]
① 도시지역·관리지역·농림지역·자연환경보전지역으로 미지정 ⇨ 자연환경☐☐☐지역의 건폐율, 용적률, 건축제한에 관한 규정을 적용한다.
② 도시지역 ⇨ 미세분 ⇨ ☐☐☐녹지지역에 관한 규정을 적용한다.
관리지역 ⇨ 미세분 ⇨ ☐☐☐관리지역에 관한 규정을 적용한다.
▷주의◁ 건폐율은 ☐☐☐% 이하 ⇨ 용적률은 ☐☐☐% 이상 ☐☐☐% 이하

06. 용적률 큰 것부터 작은 것 순서 : ☐☐업지역[중심, 일반, 유통, 근린] ⇨ ☐☐주거지역 ⇨ ☐☐공업지역 ⇨ ☐☐업지역 ⇨ ☐☐거지역[일반321/전용21] ⇨ 100% [제1종 전용주거지역, 생산녹지지역, 자연녹지지역, 계획관리지역] ⇨ 80%[☐☐☐녹지지역, ☐☐관리지역, 자연환경☐☐☐지역, ☐☐☐지역, ☐☐☐☐지역]
▷주의◁ 건폐율 배열 55/66/57/9887/777/녹관농자 = 다 20% 계만 40%

THEMA 06 용도지구

01. **용도지구[중복 ○]**: 도시·군[　　]계획으로 결정하는 지역을 말한다.

02. **용도지구 종류**

① 경관지구[경관의 보전·관리 및 형성을 위하여 필요한 지구] ⇨ [　　　]

② 고도지구[건축물 높이의 [　　]한도를 규제할 필요가 있는 지구] ⇨ 최제[×]

③ 방화지구[화재의 위험을 예방하기 위하여 필요한 지구]

④ 방재지구[재해를 예방하기 위하여 필요한 지구] ⇨ [　　]

⑤ 보호지구[보존가치가 큰 지역의 보호와 보존을 위하여 필요] ⇨ [　　]

⑥ 개발진흥지구[개발·정비할 필요가 있는 지구] ⇨ [　　　]

⑦ 취락지구[취락을 정비] ⇨ [　　]

☑ 자연취락지구: [　]지지역·[　]리지역·[　]림지역 또는 [　]연환경보전지역의 취락를 정비하기 위하여 필요한 지구(4층 이하, 장례식장×)

☑ 집단취락지구: [　　　　　]의 취락를 정비하기 위하여 필요

⑧ [　　　　　]: 주거 및 교육환경 보호나 청소년 보호 등의 목적으로 오염물질배출시설, 청소년유해시설 등 특정시설의 입지를 제한할 필요가 있는 지구

⑨ [　　　　　]: 지역의 토지이용 상황, 개발 수요 및 주변 여건 등을 고려하여 효율적이고 복합적인 토지이용을 도모하기 위하여 특정시설의 입지를 완화할 필요가 있는 지구이며, 시·도지사 또는 대도시 시장은 [　　　　],[　　　　], [　　　　]에 복합용도지구를 지정할 수 있다.

03. **원칙**: 용도지구의 건축제한 ⇨ **도시·군계획조례**

04. **예외**: **계획이나 개별법령**

① **고도지구**: 도시·군[　　]계획

② **자연취락지구**: 국토의 계획 및 이용에 관한 법령

③ **집단취락지구**: [　　　　　]의 지정 및 관리에 관한 특별조치법령

05. **용도지역·용도지구에서의 도시·군계획시설**[예정도로]에 대하여는 용도지역·용도지구에서의 건축제한 규정을 [　　　　　　].

THEMA 07 용도구역

01. **용도구역[쎈놈 = 중복 ○]**: 도시·군[　　]계획으로 결정할 수 있다.

02. **개발제한구역**: [　　　　　　]이 지정 ⇨ 도시의 무질서한 확산방지, 국방부장관의 요청이 있어 [　　　]이유로 지정할 수 있다.

03. **시가화조정구역**: [　　　　]]국가계획 연계시 ⇨ [　　　　　]가 지정

04. **수산자원보호구역**: [　　　　　　]이 지정할 수 있다.

05. **도시자연공원구역**: [　　　　], [　　　　]이 지정할 수 있다.

06. **시가화조정구역**

① [　　　　]]국가계획 연계시 ⇨ [　　　]이 도시·군관리계획으로 결정

② **유보기간**: [　]년 이상 [　]년 이내 ⇨ 유보기간이 끝난 날의 다음날 실효

③ **원칙**: 시가화조정구역에서 개발행위 금지

④ **예외**: **도시·군계획사업** ⇨ 허가·신고없이 할 수 있다.

⑤ **예외**: **도시·군계획사업 외[허가]** ⇨ 특별시장·광역시장·특별자치도사·특별자치시장·시장 또는 군수[6짱]의 허가

☑ 농업·임업·어업용[축사, 퇴비사, 창고, 잠실, 양어장]

☑ [　　　]·[　　　]·[　　　]

☑ 주택의 [　　][신축 ×], 종교시설의 [　　][신축 ×]

07. **도시혁신구역의 지정 등** : [   ](국토교통부장관, 시·도지사)는 도시·군기본계획에 따른 도심·부도심 또는 생활권의 [   ], 주요 기반시설과 연계하여 [   ]의 [   ] 역할을 수행할 수 있는 지역을 [   ]으로 지정할 수 있다.

08. **복합용도구역의 지정 등** : [   ](국토교통부장관, 시·도지사)는 산업구조 또는 경제활동의 변화로 복합적 토지이용이 필요한 지역, 노후 건축물 등이 밀집하여 단계적 정비가 필요한 지역을 [   ]으로 지정할 수 있다

09. **도시·군계획시설입체복합구역의 지정** : [   ]는 도시·군계획시설의 입체복합적 활용을 위하여 도시·군계획시설 준공 후 [   ]년이 경과한 경우로서 해당 시설의 개량 또는 정비가 필요한 경우, 주변지역 정비 또는 지역경제 활성화를 위하여 기반시설의 복합적 이용이 필요한 경우, 첨단기술을 적용한 새로운 형태의 기반시설 구축 등이 필요한 경우에 도시·군계획시설이 결정된 토지의 전부 또는 일부를 [   ]으로 지정할 수 있다.

THEMA 08 | 최대 건축 연면적

01. **하나의 대지가 2 이상의 용도지역·용도지구 또는 용도구역에 걸친 경우**
   ① 하나의 대지가 2 이상의 용도지역 등에 걸치는 경우 가장 작은 부분의 규모가 330m²(도로변을 따라 띠모양으로 지정된 상업지역 ⇨ 또띠상 660m²) 이하인 경우
   ⇨ 면적전체에 건폐율 및 용적률은 [   ]한 값을 적용하고
   ⇨ 그 밖의 건축 제한은 가장 넓은 면적이 속하는 용도지역에 관한 규정을 적용한다.
   ② 용적률 300% ⇨ 최대건축연면적이 대지면적의 3배가 되는 것을 말한다.
   ③ 최대 건축 연면적 계산문제 ⇨ 무조건 각각 곱해서 더해라

02. **최대 건축연면적을 계산 문제 해결 공식[공식 그리는 연습]**

전체면적 기재 [m²]		
용도지역 기재 [ ]	용도지역 기재 [ ]	
대지면적 기재 [m²]	대지면적 기재 [m²]	최대 건축 연면적
용적률 기재 [%]	용적률 기재 [%]	
연면적 기재 [m²]	연면적 기재 [m²]	[m²]

03. **건축물의 경우**
   ① 고도지구 : 건축물이 고도지구에 걸쳐 있는 경우에는 그 [   ]의 전부에 대하여 고도지구의 건축물 및 대지에 관한 규정을 적용한다.
   ② 방화지구 : 하나의 건축물이 방화지구와 그 밖의 용도지역·용도지구 또는 용도구역에 걸쳐 있는 경우에는 [   ] 전부에 대하여 방화지구 안의 건축물에 관한 규정을 적용한다. 다만, 그 건축물이 있는 방화지구와 그 밖의 용도지역·용도지구 또는 용도구역의 경계가 건축법의 규정에 따른 방화벽으로 구획되는 경우에는 [   ]을 적용한다.

04. **녹지지역과 그 외 지역** ⇨ 각각(건폐율 및 용적률, 그 밖의 건축 제한) 적용

THEMA 09 도시·군계획시설사업

01. 기반시설의 종류
① ⬜ : 도로·철도·항만·공항·주차장·자동차정류장·궤도, 차량검사 및 면허시설
② ⬜ : 광장·공원·녹지·유원지·공공공지
③ ⬜ : 유통업무설비·수도·전기·가스·열공급설비, 방송·통신시설, 공동구·시장, 유류저장 및 송유설비
④ ⬜ : 학교·공공청사·문화시설·공공필요성이 인정되는 체육시설·연구시설·사회복지시설·공공직업훈련시설·청소년수련시설
⑤ ⬜ : 하천·유수지·저수지·방화설비·방풍설비·방수설비·사방설비·방조설비
⑥ ⬜ : 장사시설·종합의료시설·도축장
⑦ ⬜ : 하수도·폐기물처리 및 재활용 시설·빗물저장 및 이용시설·수질오염방지시설·폐차장

02. 공동구 : 유통·공급시설이다. ⇨ 지름 2m 이상으로 2자와 친하다.
① 도시개발구역, 택지개발지구, 경제자유구역, 정비구역, 공공주택지구, 도청이전신도시 등 ⬜만m²를 초과하는 시행자는 공동구 설치하여야 한다.
② ⬜, ⬜ : 공동구협의회의 심의를 거쳐 수용할 수 있다.
③ 전기, 통신 등 공동구에 수용하여야 할 시설은 ⬜수용의무[위반시 ⇨ 2/2]
④ 설치비용부담 : 공동구 ⬜와 사업시행자[관리비 ⇨ 점용하는 자가 함께 부담한다. 점용면적을 고려하여 공동구관리자가 정한다.]
⑤ 공동구 안전 및 유지관리계획 : ⬜년마다 수립시행[안전점검 1년 1회↑]

03. 국가계획하면 모두 ⬜이나 ⇨ 단! 국가계획으로 설치하는 광역시설은 ⬜[도로공사, 철도공사]이 설치·관리할 수 있다.

04. 도시·계획시설사업
① 민간시행자 지정요건 ⇨ 면적의 ⬜/⬜ 이상 소유와 총수의 ⬜/⬜ 이상 동의
공공시행자 = LH공사, 지방공사등 ⇨ 동의×, 지정 ○
② 행정청이 아닌 시행자의 처분 ⇨ 시행자를 ⬜에게 행정심판을 제기
행정청인 시행자 ⇨ 행정심판법에 따라 행정심판 제기
③ 사업시행자 보호조치[특권]
  1. 사업의 분할 시행[공구별로 실시계획을 작성가능]
  2. 관계 서류의 무상열람·교부청구
  3. 공시송달 특례[행정청이 아닌 시행자 ⇨ ⬜]
  4. 국공유지 처분제한 : 위반 ⇨ ⬜
  5. 수용·사용 : 시행자는 도시·군계획시설사업에 필요한 토지의 ⬜ 또는 ⬜ ⇨ 인접지 ⬜[수용×] ⇨ ⬜의 ⬜는 사업인정 및 고시의제 ⇨ 공취법을 준용한다.
  6. 타인토지의 출입[7일 전 통지] 등 [장애물 변경제거, 임시통로, 재료적치장 ⇨ 행정청, 비행정청 동의 ⇨ 3일 전 통지] [주의] 출7, 3등
    ⇨ 행정청은 허가×, 승인× ⇨ 일출 전, 일몰 후 : 점유자의 승낙 없이 출입×
    ⇨ 손실보상 : 행위자가 속한 ⬜ 또는 도시·군계획시설사업의 시행자
    ⇨ 무단 출입시 1,000만원 이하의 ⬜에 처한다.

05. 10년 미집행 도시·군계획시설부지의 매수청구
⇨ ⬜년 미집행 ⇨ 지목 ⬜[건축물, 정착물 포함]인 토지소유자
⇨ 특·광·특·특·시장·군수[시행자, 설치의무자와 관리의무자가 다른 경우 설치의무자]에게 매수청구 ⇨ ⬜인가시 매수청구[×]
⇨ 매수여부결정 통보 ⬜개월 ⇨ 매수기간 ⬜년[6월이 네 2년]
⇨ 매수가격, 매수절차 ⇨ 공취법 준용[공시지가×]
⇨ 원칙 : 현금 ⇨ 예외 : 채권 ⇨ 매수의무자가 ⬜인 경우 발행
⇨ ⬜하는 경우[금액불문] ⇨ 부재부동산, 비업무용토지 ⬜천 만원 초과 시
⇨ ⬜천 만원까지 현금 ⇨ ⬜천 만원 초과부분
⇨ 채권발행 ⇨ 지방재정법을 준용[채지방] ⇨ 상환기간 ⬜년
⇨ ⬜년 되는 날의 ⬜에 그 효력을 잃는다. [실효]
⇨ 매수거부, 2년이 지날 때까지 매수하지 아니[매수지연]한 경우 ⬜ 받아 : 3층 이하 단독주택, 3층 이하 제1종, 제2종 근생[단란주점, 안마시술소, 노래연습장, 다중생활시설 제외] 공작물[다세대 주택 ×, 다가구주택×]

THEMA 10 지구단위계획

01. 지구단위계획구역[전부 또는 일부] **및 지구단위계획**[일부] ⇨ **신의 은총을 받은 깡패** ⇨ 국토교통부장관, 시·도지사, ▢·▢가 도시·군▢▢▢계획으로 결정한다.

02. 도시지역

① **재량적 지정대상지역** ⇨ 개발가능성

개발제한구역·도시자연공원구역·공원·시가화조정구역에서 ▢▢되는 구역, 도시개발구역, 정비구역, 택지개발지구를 지정할 수 있다.

> [주의] 개발제한구역에서 해제되는 구역과 도시개발구역은 언제나 기간, 면적 관계없이 지정할 수 있다.

② **의무적 지정대상지역** ⇨ 지정하여야 한다.

> 1. 정비구역, 택지개발지구에서 사업이 끝난 후 ▢▢년이 지난 지역
> 2. 체계적·계획적인 개발 또는 관리가 필요한 면적이 ▢▢만m² 이상인
>   ㉠ 공원 또는 시가화조정구역에서 ▢▢되는 지역
>   ㉡ 녹지지역에서 ▢▢지역·▢▢지역 또는 ▢▢지역으로 변경되는 지역

03. 도시지역 외의 지역

① **계획관리지역**: 50% 이상

② **개발진흥지구**

③ ▢▢▢▢를 폐지하고 행위제한 등을 지구단위계획으로 대체하려는 지역

04. 필수적 포함사항 ⇨ 용기set

① 건축물의 ▢▢▢, ▢▢▢의 배치와 규모

② 건축물 ▢▢ 또는 ▢▢, 건축물 ▢▢의 최고한도·최저한도

05. 용도지역·용도지구를 그 ▢▢의 범위 안에서 세분 또는 변경 ⇨ 이름의 변경이 **없으면 지구단위계획**[전용주거지역을 일반주거지역으로 변경, 주거개발진흥지구를 복합개발진흥지구로 변경]

06. 도시지역 외의 지구단위계획으로 해당 용도지역 또는 개발진흥지구에 적용되는 건폐율의 ▢▢▢% 및 용적률의 ▢▢▢% 이내에서 완화하여 적용할 수 있다.

07. 주차장 설치기준 완화: 도시지역 내 지구단위계획구역의 지정이 한옥마을의 보존을 목적으로 하는 경우, 차 없는 거리를 조성하고자 하는 경우, 지구단위계획으로 보행자전용도로를 지정, 차량진입금지구간이 정하는 경우에는 지구단위계획으로 주차장법의 규정에 의한 주차장 설치기준을 ▢▢▢%까지 완화하여 적용할 수 있다. [도시지역에서 높이의 ▢▢▢% 이내 완화 적용]

08. 공공시설부지로 제공시

건폐율 완화: 건폐율 + [건폐율 × 제공면적/▢▢▢▢▢▢]

높이 완화: 높이 + [높이 × 제공면적/▢▢▢▢▢▢]

용적률 완화: 용적률 + [▢▢ × 용적률 × 제공면적/▢▢▢▢▢▢]

09. 지구단위계획구역에서의 건축 등: 지구단위계획구역에서 건축물(일정 기간 내 철거가 예상되는 경우 등 대통령령으로 정하는 ▢▢▢▢▢은 제외한다)을 건축 또는 용도변경하거나 공작물을 설치하려면 그 지구단위계획에 맞게 하여야 한다.

10. 지구단위계획구역의 지정에 관한 도시·군관리계획 결정의 고시일부터 ▢▢년 이내에 지구단위계획이 결정·고시되지 아니하면 그 ▢▢년이 되는 날의 ▢▢▢▢에 지구단위계획구역의 지정에 관한 도시·군관리계획결정은 효력을 잃는다.

11. 지구단위계획(주민이 입안을 제안한 것에 한정한다)에 관한 도시·군관리계획결정의 고시일부터 ▢▢년 이내에 이 법 또는 다른 법률에 따라 허가·인가·승인 등을 받아 사업이나 공사에 착수하지 아니하면 그 ▢▢년이 된 날의 ▢▢▢▢에 지구단위계획에 관한 도시·군관리계획결정은 효력을 잃는다.

THEMA 11 개발행위허가

01. **개발행위허가**[특별시장 · 광역시장 · 특자시 · 특자도 · 시장 또는 군수 = 6짱]
  ① ▢▢▢▢▢▢▢▢▢▢▢[도시 · 군계획시설사업, 개발사업, 정비사업]은 허가 ×
  ② ▢▢을 위한 형질변경 허가 × ➪ ▢▢▢▢▢ 수반시[허가 ○]
    ➪ ▢▢ 사이의 변경[허가 ×]
  ③ 재해복구 · 재난수습을 위한 응급조치[1개월 ▢▢▢]
  ④ **경미한 변경**: 사업기간 ▢▢▢, 부지면적 및 건축물 연면적 5% 범위에서 ▢▢▢(공작물의 무게, 부피 또는 수평투영면적을 5% 범위에서 축소하는 경우를 포함), 공작물의 위치를 1m 범위에서 변경하는 경우 ➪ 통지[허가 ×]하여야 한다. ➪ 확대나 연장은 허가를 받아야 한다.
  ⑤ ▢▢재산 중 용도폐지되는 부분의 분할, ▢▢재산을 매각 · 교환 · 양여하기 위한 분할, 토지의 일부를 국유지 또는 공유지로 하거나 공공시설로 사용하기 위한 토지의 분할은 허가를 받지 아니한다.

02. **허가[형질변경]규모** ➪ 일정규모 미만이면 허가 받는다.
  ① 주거지역, 상업지역, 생산녹지지역, 자연녹지지역 = ▢만m² 미만
  ② 농림지역, 공업지역, 관리지역 = ▢만m² 미만 ➪ 보전관리지역 = ▢만m² 미만
  ③ 보전녹지지역, 자연환경보전지역 = ▢천m² 미만

03. **의견청취[▢▢ ×]**: 도시 · 군계획사업시행자, 공공시설관리청, 허가신청자의 의견을 청취하여야 한다.

04. **도시계획위원회 심의**: ▢▢▢▢▢▢▢ 또는 ▢▢▢▢▢▢▢을 수립한 지역에서 하는 개발행위는 도시계획위원회 심의를 거치지 아니한다.

05. **이행보증금**[굴비발차기] ➪ 국가, 지방자치단체, 공공기관, 공공단체는 예치하지 ▢▢▢.

06. **개발행위허가 제한사유**
  ① 녹계수우~~ 오염 손상(최장 ▢년)

> 1. 녹지지역이나 계획관리지역으로서 수목이 집단적으로 자라고 있거나 조수류 등이 집단적으로 서식하고 있는 지역 또는 우량농지로 보전할 필요가 있는 지역
> 2. 개발행위로 주변환경 · 경관 · 미관 · 국가유산기본법에 따른 국가유산 등이 크게 오염되거나 손상될 우려가 있는 지역

  ② 기관지기2 ➪ 3년 + 연장 2년[연장시 심의 ×] ➪ 최장 ▢년

> 1. 도시 · 군기본계획 또는 도시 · 군관리계획을 수립하고 있는 지역
> 2. 지구단위계획구역으로 지정된 지역(광역도시계획 ×)
> 3. 기반시설부담구역으로 지정된 지역

07. **준공검사**: 건축물의 건축, 공작물의 설치, 토지의 형질변경, ▢▢▢▢▢▢▢는 준공검사 대상.
  단, ▢▢▢▢▢▢, 물건을 쌓아 놓는 행위 ➪ 준공검사를 받지 않는다.

08. **성장관리계획**: 특별시장 · 광역시장 · 특별자치시장 · 특별자치도지사 · 시장 또는 군수[6짱]가 ▢▢▢▢▢, ▢▢▢▢▢, ▢▢▢▢▢ 및 ▢▢▢▢▢▢에 대하여 성장관리계획구역을 지정할 수 있다. ➪ 주거, 상업, 공업지역(×)

09. **용적률 완화**: 성장관리계획구역 내 계획관리지역에서는 ▢▢▢% 이하의 범위에서 성장관리계획으로 정하는 바에 따라 특별시 · 광역시 · 특별자치시 · 특별자치도 · 시 또는 군의 조례로 정하는 비율까지 용적률을 완화하여 적용할 수 있다. [건폐율은 해당 용도지역의 건폐율에 + 10% 완화]

10. **재검토**: 특별시장 · 광역시장 · 특별자치시장 · 특별자치도지사 · 시장 또는 군수는 ▢년마다 관할구역 내 수립된 성장관리계획에 대하여 대통령령으로 정하는 바에 따라 그 타당성 여부를 전반적으로 재검토하여 정비하여야 한다.

THEMA 12 개발밀도관리구역 및 기반시설부담구역

01. 개발밀도관리구역[작게 지어라 = 특·광·특·특·시장·군수 = 6짱]

① 지정기준[국토교통부장관 ⇨ 2년, 20% ☐가 고려대상이다.]

② 대상 : **주거·상업·공업지역** ⇨ 기반시설 변화[주기적 검토] ⇨ 경계선을 ☐하게 구분 ⇨ 지정절차 ⇨ [지방]심의 + 고시 ⇨ ☐의 의견청취 ✕

③ **법률** : 건폐율이나 용적률 ☐

④ **대통령령** : 용적률의 최대한도의 ☐% 강화

02. 기반시설부담구역[개발밀도관리구역 외 지역 = 중복 ✕]

① **기반시설부담구역 지정의무** ⇨ 장래 개발집중 예상

행위제한이 ☐되거나 ☐되는 지역 ⇨ 개발행위 허가 건수가 ☐% 이상 증가 ⇨ 인구증가율이 ☐% 이상 높은 지역

⇨ **설치대상 기반시설** : 도로, 공원, 녹지, 수도, 하수도 등이다. [☐ ✕]

② **지정기준** : 국토교통부장관[최소 ☐만m² 이상 규모]이 정함

③ **해제** : 기반시설설치계획을 수립하지 아니하면 ☐**년이 되는 날 다음 날에 해제**된 것으로 본다. 이 경우 기반시설설치계획을 수립하면 ☐에 반영하여야 한다.

④ **납부방법** : ☐, 신용카드 또는 직불카드로 납부를 원칙으로 하되, 부과대상 토지 및 이와 비슷한 토지로 하는 납부[☐]를 인정할 수 있다.

⑤ **부담금 부과대상** : 단독주택 및 숙박시설 등 ☐m²를 초과하는 신축·증축행위로 한다. 다만, 기존 건축물을 철거하고 신축하는 경우에는 기존 건축물의 건축연면적을 ☐하는 건축행위만 부과대상으로 한다.

⑥ **기반시설설치비용을 납부** : ☐를 하는 자[위탁이나 도급은 위탁이나 도급한 자, 임차하여 건축행위를 하는 경우에는 그 행위자(임차인), 그 지위를 승계한 자]가 내야 한다.

03. 청문[각 종 취소전에 변명의 기회 제공]

☐의 취소

☐의 취소

☐의 시행자 지정 취소

THEMA 13 건축법 용어정의 ▶ 4주차

01. 지하층 : 층 평균높이의 1/2 이상이 지표면 아래
02. 주요구조부 : 내력벽, 기둥, 바닥, 보, 지붕틀, 주계단 [수식어 없다.]
03. 고층건축물[3고] : 30층 이상 또는 120m 이상
　　초고층건축물[5고] : 50층 이상 또는 200m 이상
04. 건축법의 적용제외대상 건축물

> 1. 지정문화유산 · 임시지정문화유산 또는 천연기념물등이나 임시지정
>   천연기념물, 임시지정명승, 임시지정시 · 도자연유산
> 2. 철도 또는 궤도의 선로부지에 있는 다음 시설
>   ① 운전보안시설, ② 철로선로의 위나 아래를 가로지르는 보행시설,
>   ③ 플랫폼, ④ 급수 · 급탄 및 급유시설
> 3. 고속도로 통행료징수시설
> 4. 컨테이너를 이용한 간이창고[공장의 용도로서 이동이 쉬운 것]
> 5. 하천법에 따른 하천구역 내의 수문조작실

05. 건 축
　　① 신축 : 나대지 + 새로이 축조, 부속건축물 + 주된 건축물을 축조하는 것
　　② 증축 : 기존건축물 + 동일대지 ⇨ 면적 · 층수 · 높이를 증가
　　③ 개축 : 기존건축물을 해체하고 종전과 같은 규모 이내
　　④ 재축 : 재해멸실 + 연면적이 종전 규모 이하이고, 동 · 층수 · 높이가 종전
　　　　규모 이하 또는 동 · 층수 · 높이 중 어느 하나가 종전 규모를 초과하는 경우
　　⑤ 이전 : 주요구조부를 해체 × ⇨ 같은 대지, 다른 위치
06. 대수선 : 증축 · 개축 · 재축에 해당하지 아니하는 것
　　내력벽을 증설 또는 해체하거나, 30m² 이상 수선 또는 변경하는 것
　　기둥을 증설 또는 해체하거나, 3개 이상 수선 또는 변경하는 것
　　방화벽 · 방화구획을 위한 바닥이나 벽을 증설 · 해체, 수선 또는 변경하는 것
　　보를 증설 또는 해체하거나, 3개 이상 수선 또는 변경하는 것
　　지붕틀을 증설 또는 해체하거나, 3개 이상 수선 또는 변경하는 것
　　주계단, 피난계단, 특별피난계단을 증설 · 해체하거나 수선 · 변경하는 것
　　다가구주택의 가구 간, 다세대주택 세대 간 경계벽을 증설 · 해체, 수선 · 변경
　　건축물의 외벽에 사용하는 마감재료를 증설 · 해체, 벽면적 30m² 이상 수선 ·
　　변경

THEMA 13 건축법 용어정의 ▶ 4주차

01. ☐ : 층 평균높이의 1/2 이상이 지표면 아래
02. 주요구조부 : ☐력벽, ☐둥, ☐닥, ☐, ☐붕틀, ☐계단 [수식어 없다.]
03. 고층건축물[3고] : ☐층 이상 또는 ☐m 이상
　　초고층건축물[5고] : ☐층 이상 또는 ☐m 이상
04. 건축법의 적용제외대상 건축물

> 1. ☐ · ☐ 또는 천연기념물등이나 임시지정
>   천연기념물, 임시지정명승, 임시지정시 · 도자연유산
> 2. 철도 또는 궤도의 선로부지에 있는 다음 시설
>   ① 운전☐시설, ② 철로선로의 위나 아래를 가로지르는 ☐시설,
>   ③ ☐, ④ ☐ · 급탄 및 급유시설
> 3. 고속도로 ☐
> 4. 컨테이너를 이용한 간이☐[공장의 용도로서 이동이 쉬운 것]
> 5. 하천법에 따른 하천구역 내의 ☐

05. 건 축
　　① ☐ : 나대지 + 새로이 축조, 부속건축물 + 주된 건축물을 축조하는 것
　　② ☐ : 기존건축물 + 동일대지 ⇨ 면적 · 층수 · 높이를 증가
　　③ ☐ : 기존건축물을 해체하고 종전과 같은 규모 이내
　　④ ☐ : 재해멸실 + 연면적이 종전 규모 이하이고, 동 · 층수 · 높이가 종전 규모 이하 또는 동 · 층수 · 높이 중 어느 하나가 종전 규모를 초과하는 경우
　　⑤ ☐ : 주요구조부를 해체 × ⇨ 같은 대지, 다른 위치
06. 대수선 : 증축 · 개축 · 재축에 해당하지 아니하는 것
　　☐력벽을 증설 또는 해체하거나, 30m² 이상 수선 또는 변경하는 것
　　☐둥을 증설 또는 해체하거나, 3개 이상 수선 또는 변경하는 것
　　방화벽 · 방화구획을 위한 ☐닥이나 벽을 증설 · 해체, 수선 또는 변경하는 것
　　☐를 증설 또는 해체하거나, 3개 이상 수선 또는 변경하는 것
　　☐붕틀을 증설 또는 해체하거나, 3개 이상 수선 또는 변경하는 것
　　☐계단, 피난계단, 특별피난계단을 증설 · 해체하거나 수선 · 변경하는 것
　　☐주택의 가구 간, ☐주택 세대 간 경계벽을 증설 · 해체, 수선 · 변경
　　건축물의 외벽에 사용하는 ☐를 증설 · 해체, 벽면적 30m² 이상 수선 ·
　　변경

THEMA 14 건축물의 용도변경 ▶ 4주차

01. 용도변경[자산전문 영업교육 근주기] ⇨ 특별자치시장·특별자치도지사·시장·군수·구청장[특별시장 ✕, 광역시장 ✕]

1. 자동차관련시설군 : 자동차관련시설	
2. 산업등시설군 : 공장, 창고, 더럽게 위험하고 무서워	
3. 전기통신시설군 : [방전] 방송통신시설, 발전시설	
4. 문화 및 집회 : 종교시설에 모여서 위락시설로 관광	
5. 영업시설군 : 운동시설 판매하고 다 잔다.	
6. 교육 및 복지시설군 : 노의교수야	
7. 근린생활시설군 : 제1종 근생, 제2종 근생	
8. 주거업무시설군 : 단독, 공동, 업무, 교정시설, 국방·군사시설	
9. 기(그) 밖에 시설군[기타] : 동물 및 식물관련시설	

허가	신고	건축사설계	사용승인	변경신청
⇧	⇩	⇧ 500m² 이상	⇧ ⇩ 100m² 이상	⇦ ⇨

02. 건축사 설계[5자] : 허가대상 ⇨ 바닥면적 합계가 500m² 이상[신고 ✕]

03. 사용승인[100사] : 허가나 신고대상 ⇨ 바닥면적 합계가 100m² 이상, 용도변경하려는 부분의 바닥면적의 합계가 500m² 미만으로서 대수선에 해당되는 공사를 수반하지 아니하는 경우에는 사용승인 규정을 적용하지 아니한다.

04. 같은 시설군 내에서 용도를 변경하려는 자는 건축물대장 기재내용의 변경을 신청하여야 한다. 다만, 같은 호에 속하는 건축물 상호 간의 용도변경[다중주택을 다가구주택으로 변경, 다세대주택을 연립주택으로 변경]과 원칙적으로 제1종 근린생활시설과 제2종 근린생활시설 상호간의 용도변경은 건축물대장 기재내용 변경신청을 하지 아니한다.

THEMA 14 건축물의 용도변경 ▶ 4주차

01. 용도변경[자산전문 영업교육 근주기] ⇨ 특별자치시장·특별자치도지사·시장·군수·구청장[특별시장 ✕, 광역시장 ✕]

1. ☐동차관련시설군 : 자동차관련시설	
2. ☐업등시설군 : 공장, 창고, 더럽게 위험하고 무서워	
3. ☐기통신시설군 : [방전] 방송통신시설, 발전시설	
4. ☐화 및 집회 : 종교시설에 모여서 위락시설로 관광	
5. ☐시설군 : 운동시설 판매하고 다 잔다.	
6. ☐ 및 복지시설군 : 노의교수야	
7. ☐린생활시설군 : 제1종 근생, 제2종 근생	
8. ☐거업무시설군 : 단독, 공동, 업무, 교정시설, 국방·군사시설	
9. ☐ 밖에 시설군[기타] : 동물 및 식물관련시설	

허가	신고	건축사설계	사용승인	변경신청
⇧	⇩	⇧ 500m² 이상	⇧ ⇩ 100m² 이상	⇦ ⇨

02. ☐[5자] : 허가대상 ⇨ 바닥면적 합계가 500m² 이상[신고 ✕]

03. ☐[100사] : 허가나 신고대상 ⇨ 바닥면적 합계가 100m² 이상, 용도변경하려는 부분의 바닥면적의 합계가 ☐m² 미만으로서 대수선에 해당되는 공사를 수반하지 아니하는 경우에는 사용승인 규정을 적용하지 아니한다.

04. 같은 시설군 내에서 용도를 변경하려는 자는 건축물대장 ☐의 ☐을 ☐하여야 한다. 다만, 같은 호에 속하는 건축물 상호 간의 용도변경[다중주택을 다가구주택으로 변경, 다세대주택을 연립주택으로 변경]과 원칙적으로 제1종 근린생활시설과 제2종 근린생활시설 상호간의 용도변경은 건축물대장 기재내용 변경신청을 하지 ☐.

THEMA 15 건축허가 등 ▶ 4주차

01. **사전결정신청**: 허가권자에게 신청 ⇨ 통지받은 날부터 2년 이내에 건축허가 신청하지 아니하면 ⇨ 사전결정의 효력이 상실된다. ⇨ 통지하면 산지전용허가[도시지역에 한함], 농지전용허가, 하천점용허가, 개발행위허가 의제

02. **허가권자**[도지사 ×, 국토교통부장관 ×]
   ① **원칙**: 특별자치시장·특별자치도지사·시장·군수·구청장
   ② **예외**: 특별시장 또는 광역시장은 21층 이상 또는 연면적 합계가 10만m² 이상[3/10 이상의 증축] ⇨ 공장, 창고, 심의는 제외 [구청장의 허가]

03. **도지사 사전승인** ⇨ 공장, 창고, 심의는 도지사의 **사전승인**을 받지 아니한다.
   ① 21층 이상, 10만m² 이상인 건축물[3/10 이상 증축]
   ② 자연환경·수질보호 ⇨ 3층 이상 또는 **연면적의 합계** 1천m² 이상 ⇨ 위락 및 숙박시설, 공동주택, 일반업무시설, 일반음식점[2층 ×, 900m² ×]
   ③ 교육환경·주거환경 ⇨ 위락시설 및 숙박시설

04. **허가거부** ⇨ 교육환경 또는 주거환경 ⇨ 위락시설이나 숙박시설 ⇨ 건축위원회의 **심의를 거쳐 허가를 하지 아니할 수 있다.**

05. **건축허가 필수적 취소**: 2년[공장 = 3년] 이내에 공사에 미착수 ⇨ 공사완료가 불가능 ⇨ 착공신고 전에 **경매 또는 공매** 등으로 대지의 **소유권을 상실** ⇨ 6개월이 지난 이후 착수가 불가능 ⇨ 취소하여야 한다.

06. **건축허가 또는 착공의 제한**
   ① **국토교통부장관 제한**: 국토관리를 위하여 필요하거나 주무부 장관이 요청하는 경우 ⇨ 건축허가나 착공을 제한할 수 있다.
   ② **특별시장·광역시장·도지사의 제한**: 지역계획, 도시·군계획상 필요 ⇨ 시장·군수·구청장의 건축허가나 착공을 제한 ⇨ 즉시[지체 없이 ×] 국장에게 보고[승인 ×] ⇨ 국장은 제한의 내용이 지나치다고 인정하는 경우에는 해제를 명[권고 ×]할 수 있다.
   ③ **제한기간**: 2년 이내로 하며, 1회 한하여 1년 이내 연장할 수 있다.

THEMA 15 건축허가 등 ▶ 4주차

01. **사전결정신청**: □□□□에게 신청 ⇨ 통지받은 날부터 □년 이내에 건축허가 신청하지 아니하면 ⇨ 사전결정의 효력이 상실된다. ⇨ 통지하면 산지전용허가[도시지역에 한함], 농지전용허가, 하천점용허가, 개발행위허가 의제

02. **허가권자**[도지사 ×, 국토교통부장관 ×]
   ① **원칙**: 특별자치시장·특별자치도지사·시장·군수·□□□
   ② **예외**: 특별시장 또는 광역시장은 21층 이상 또는 연면적 합계가 10만m² 이상[3/10 이상의 증축] ⇨ □□, □□, □□는 제외 [□□□의 허가]

03. **도지사 사전승인** ⇨ □□, □□, □□는 도지사의 **사전승인**을 받지 아니한다.
   ① 21층 이상, 10만m² 이상인 건축물[3/10 이상 증축]
   ② 자연환경·수질보호 ⇨ □층 이상 또는 **연면적의 합계** □천m² 이상 ⇨ 위락 및 숙박시설, 공동주택, 일반업무시설, 일반음식점[2층 ×, 900m² ×]
   ③ □육환경·□거환경 ⇨ □락시설 및 □박시설

04. **허가거부** ⇨ □육환경 또는 □거환경 ⇨ □락시설이나 □박시설 ⇨ 건축위원회의 **심의를 거쳐 허가를 하지 아니할 수 있다.**

05. **건축허가 필수적 취소**: □년[공장 = 3년] 이내에 공사에 미착수 ⇨ 공사완료가 □□□□ ⇨ 착공신고 전에 **경매 또는 공매** 등으로 대지의 **소유권을 상실** ⇨ □개월이 지난 이후 착수가 불가능 ⇨ 취소하여야 한다.

06. **건축허가 또는 착공의 제한**
   ① **국토교통부장관 제한**: □□□□□□를 위하여 필요하거나 주무부 □□이 요청하는 경우 ⇨ 건축허가나 착공을 제한할 수 있다.
   ② **특별시장·광역시장·도지사의 제한**: 지역계획, 도시·군계획상 필요 ⇨ 시장·군수·구청장의 건축허가나 착공을 제한 ⇨ □□[지체 없이 ×] 국장에게 □□[승인 ×] ⇨ 국장은 제한의 내용이 지나치다고 인정하는 경우에는 해제를 □[권고 ×]할 수 있다.
   ③ **제한기간**: □년 이내로 하며, □회 한하여 □년 이내 연장할 수 있다.

07. **안전관리예치금**: 허가권자는 연면적이 1천m² 이상으로서 조례로 정하는 건축물에 대하여는 착공신고를 하는 건축주에게 미리 미관개선 및 안전관리에 필요한 비용을 건축공사비의 1%의 범위에서 예치하게 할 수 있다.

08. **건축물의 안전영향평가 대상[주요건축물]**

> 1. 초고층 건축물
> 2. 다음의 요건을 모두 충족하는 건축물
>   ① 연면적(하나의 대지에 둘 이상의 건축물을 건축하는 경우에는 각각의 건축물의 연면적을 말한다)이 10만 제곱미터 이상일 것
>   ② 16층 이상일 것

09. **신고대상** ⇨ 신고일부터 1년 이내 미착수 ⇨ 신고의 효력이 없어진다.
    ① 바닥면적의 합계가 85m² 이내인 증축·개축·재축
    ② 연면적의 합계가 100m² 이하인 건축물
    ③ 관리, 농림지역, 자연환경보전지역에서 200m² 미만이고 3층 미만인 건축물
    ④ 대수선 중 주요구조부[내기바보지주]의 **수선** ⇨ 규모불문
    ⑤ 나머지 대수선 ⇨ [연면적 200m² 미만이고 3층 미만인 건축물]
    ⑥ 건축물의 높이를 3m 이하의 증축, 2층 이하로서 연면적 합계 500m² 이하인 공장, **창고**[200m² 이하], **축사·작물재배사**, 종묘배양시설, 온실[400m² 이하]

10. **신고수리 여부 통지**: 건축[가설건축물 포함]신고를 받은 날부터 5일 이내에 신고수리 여부를 통지하여야 한다.

11. **착공신고 수리 여부 통지[착공계]**: 허가권자는 착공신고를 받은 날부터 3일 이내에 신고수리 여부를 신고인에게 통지하여야 한다. ⇨ 3일 이내에 신고수리 여부 또는 처리기간의 연장 여부를 신고인에게 통지하지 아니하면 그 기간이 끝난 날의 다음 날에 신고를 수리한 것으로 본다.

12. 허가대상 가설건축물의 존치기간은 3년 이내일 것
    신고대상 가설건축물의 존치기간은 3년 이내일 것, 다만, 존치기간의 연장이 필요한 경우에는 횟수별 3년의 범위에서 연장할 수 있다.

13. 임시사용승인의 기간은 2년 이내로 한다[연장할 수 있다].

07. **안전관리예치금**: 허가권자는 연면적이 □천m² 이상으로서 조례로 정하는 건축물에 대하여는 착공신고를 하는 건축주에게 미리 미관개선 및 안전관리에 필요한 비용을 건축공사비의 □%의 범위에서 예치하게 할 수 있다.

08. **건축물의 안전영향평가 대상[주요건축물]**

> 1. □
> 2. 다음의 요건을 모두 충족하는 건축물
>   ① 연면적(하나의 대지에 둘 이상의 건축물을 건축하는 경우에는 각각의 건축물의 연면적을 말한다)이 □ 제곱미터 이상일 것
>   ② □ 이상일 것

09. **신고대상** ⇨ 신고일부터 □년 이내 미착수 ⇨ 신고의 효력이 없어진다.
    ① 바닥면적의 합계가 □m² 이내인 증축·개축·재축
    ② 연면적의 합계가 100m² 이하인 건축물
    ③ 관리, 농림지역, 자연환경보전지역에서 200m² 미만이고 3층 미만인 건축물
    ④ 대수선 중 주요구조부[내기바보지주]의 **수선** ⇨ 규모불문
    ⑤ 나머지 대수선 ⇨ [연면적 □m² 미만이고 □층 미만인 건축물]
    ⑥ 건축물의 높이를 □m 이하의 증축, 2층 이하로서 연면적 합계 500m² 이하인 공장, **창고**[200m² 이하], **축사·작물재배사**, 종묘배양시설, 온실[400m² 이하]

10. **신고수리 여부 통지**: 건축[가설건축물 포함]신고를 받은 날부터 □일 이내에 신고수리 여부를 통지하여야 한다.

11. **착공신고 수리 여부 통지[착공계]**: 허가권자는 착공신고를 받은 날부터 □일 이내에 신고수리 여부를 신고인에게 통지하여야 한다. ⇨ □일 이내에 신고수리 여부 또는 처리기간의 연장 여부를 신고인에게 통지하지 아니하면 그 기간이 끝난 날의 □에 신고를 수리한 것으로 본다.

12. 허가대상 가설건축물의 존치기간은 □년 이내일 것
    신고대상 가설건축물의 존치기간은 □년 이내일 것, 다만, 존치기간의 연장이 필요한 경우에는 횟수별 3년의 범위에서 연장할 수 있다.

13. 임시사용승인의 기간은 □년 이내로 한다[연장할 수 있다].

THEMA 16 대지와 도로 ▶ 4주차

01. 조경대상 제외: 녹지지역, 면적 5천m² 미만인 대지에 건축하는 공장, 연면적의 합계가 1천500m² 미만인 공장, 산업단지의 공장, 축사, 가설건축물, 연면적 1,500m² 미만인 물류시설[주거, 상업지역은 조경한다], 관리·농림·자연환경보전지역[지구단위계획구역은 조경한다]은 조경을 하지 아니한다.

02. 공개공지: 전용주거지역[×], 일반공업지역[×], 농수산물유통시설[×]
① **대상**: 일반주거지역, 준주거지역, 상업지역, 준공업지역
② **설치기준**: 대지면적의 10% 이내, 조경면적, 필로티구조 가능
③ **건축법** ⇨ 건폐율과 용적률 및 높이기준 완화
  시행령 ⇨ 용적률, 높이기준 1.2배 완화[건폐율은 1.2배 완화 ×]

03. 도로의 개념: 보행[필수개념 요소] 및 차량통행이 가능한 너비 4m 이상으로서 국토의 계획 및 이용에 관한 법률·도로법·사도법, 공고한 도로나 예정도로[계획상 도로] ⇨ 차량통행이 불가능[3m 이상]해도 도로이다.

04. 도로의 지정: 이해관계자 동의를 받아야 한다. 단, 동의를 받지 아니하고 건축위원회 심의[지역 주민이 오랫 동안 통행로로 이용하고 있는 사실상 통로로서 조례로 정한 것, 해외 거주하는 등 동의 받기 곤란]를 거쳐 지정할 수 있다.

05. 도로의 폐지 및 변경: 반드시 이해관계자 동의를 받아야 한다.

06. 대지와 도로와의 관계: 2m 이상 접해야 한다. ⇨ 예외: 출입에 지장이 없다고 인정되는 경우, 건축물의 주변에 광장, 공원, 유원지가 있는 경우, 농막을 건축하는 경우 2m 이상 접하지 않아도 된다.
2천m²[공장 = 3천m²] 이상 ⇨ 너비 6m 이상인 도로에 4m 이상 접해야 한다. [축사, 작물재배사 제외]

07. 건축선: 대지와 도로의 경계선으로 한다.
① 건축물 및 담장은 건축선의 수직면을 넘어서는 아니 된다. [지표 아래 부분은 그러하지 아니하다. = 즉, 넘어도 된다.]
② 도로면으로부터 높이 4.5m 이하의 출입구·창문 등 유사한 구조물은 열고 닫을 때 건축선의 수직면을 넘지 아니하는 구조로 하여야 한다.

THEMA 16 대지와 도로 ▶ 4주차

01. 조경대상 제외: 녹지지역, 면적 5천m² 미만인 대지에 건축하는 ____, 연면적의 합계가 1천500m² 미만인 ____, 산업단지의 ____, 축사, 가설건축물, 연면적 1,500m² 미만인 물류시설[____, ____지역은 조경한다], 관리·농림·자연환경보전지역[_____은 조경한다]은 조경을 하지 아니한다.

02. 공개공지: 전용주거지역[×], 일반공업지역[×], 농수산물유통시설[×]
① **대상**: ☐반주거지역, ☐주거지역, ☐업지역, ☐공업지역
② **설치기준**: 대지면적의 ____% 이내, 조경면적, 필로티구조 가능
③ **건축법** ⇨ 건폐율과 용적률 및 높이기준 완화
  시행령 ⇨ 용적률, 높이기준 ____배 완화[건폐율은 1.2배 완화 ×]

03. 도로의 개념: ____[필수개념 요소] 및 차량통행이 가능한 너비 4m 이상으로서 국토의 계획 및 이용에 관한 법률·도로법·사도법, ____한 도로나 ____도로[계획상 도로] ⇨ 차량통행이 불가능[3m 이상]해도 도로이다.

04. 도로의 ____: 이해관계자 동의를 받아야 한다. 단, 동의를 받지 아니하고 건축위원회 심의[지역 주민이 오랫 동안 통행로로 이용하고 있는 사실상 통로로서 조례로 정한 것, 해외 거주하는 등 동의 받기 곤란]를 거쳐 ____할 수 있다.

05. 도로의 폐지 및 변경: ____ 이해관계자 동의를 받아야 한다.

06. 대지와 도로와의 관계: ☐m 이상 접해야 한다. ⇨ 예외: 출입에 지장이 없다고 인정되는 경우, 건축물의 주변에 광장, 공원, 유원지가 있는 경우, 농막을 건축하는 경우 ☐m 이상 접하지 않아도 된다.
☐천m²[공장 = ☐천m²] 이상 ⇨ 너비 ☐m 이상인 도로에 ☐m 이상 접해야 한다. [축사, 작물재배사 제외]

07. 건축선: 대지와 도로의 경계선으로 한다.
① ____ 및 ____은 건축선의 수직면을 넘어서는 아니 된다. [지표 아래 부분은 그러하지 아니하다. = 즉, 넘어도 된다.]
② 도로면으로부터 높이 ____m 이하의 출입구·창문 등 유사한 구조물은 열고 닫을 때 건축선의 수직면을 넘지 아니하는 구조로 하여야 한다.

THEMA 17 면적과 층수 ▶ 4주차

01. 건축면적 : 건축물의 외벽 또는 외곽기둥의 중심선으로 둘러싸인 부분의 수평투영면적으로 한다.

02. 바닥면적 : 건축물의 **각 층** 또는 그 일부로서 벽·기둥의 중심선으로 둘러싸인 부분의 수평투영면적으로 한다.
   ① 벽·기둥의 구획이 없는 건축물 ⇨ 1m **후퇴**한 선으로 둘러싸인 수평투영면적으로 한다.
   ② 노대 등이 접한 가장 긴 외벽 길이에 1.5m를 **곱한 값을 뺀** 면적을 산입
   ③ 필로티 ⇨ 공중통행, 차량의 통행, 주차전용에 이용, 공동주택 ⇨ 바닥면적 산정에서 **제외한다.**
   ④ **설비제외** : 승강기탑, 계단탑, 장식탑, **다락**[층고가 1.5미터[경사지붕 : 1.8m], 냉각탑, 정화조, 기계실, 전기실, 어린이놀이터, 조경시설 제외
   ⑤ **덧 댄것 제외** : 단열재, 마감재는 제외한다.
   ⑥ 매장 유산 보호 및 전시에 전용되는 부분, 지하주차장의 경사로(지상층에서 지하 1층으로 내려가는 부분으로 한정)는 바닥면적에 산입하지 **않는다**.

03. **연면적** : 하나의 건축물의 각층의 바닥면적[지하층 면적 포함]의 합계 단, **용적률** 산정시의 연면적에는 지하층, 지상층의 주차장[부속용도], 피난안전구역, 대피공간의 면적을 제외한다.

04. **층수** : 지하층은 건축물의 층수에 제외한다.
   ① 부분에 따라 층수 달리 ⇨ 가장 많은 **층수**로 한다.
   ② 층의 구분이 명확하지 아니한 건축물은 4m마다 **하나의 층**으로 산정한다.

05. **건축물의 건폐율**[건대]**과 용적률**[연대]
   ① **건폐율** : 대지면적에 대한 건축면적의 비율
   ② **용적률** : 대지면적에 대한 연면적의 비율
   ③ **건폐율과 용적률의 최대한도**는 국토의 계획 및 이용에 관한 법률에 따른다. 다만, 건축법에서 기준을 완화 또는 강화할 수 있다.

06. **대지분할제한** : 주거지역 : 60m² ⇨ 상업지역 : 150m²
   ⇨ 공업지역 : 150m² ⇨ 녹지지역 : 200m²
   ⇨ 기타지역 : 60m² 미만으로 분할을 금지한다.

THEMA 17 면적과 층수 ▶ 4주차

01. ☐ : 건축물의 외벽 또는 외곽기둥의 중심선으로 둘러싸인 부분의 수평투영면적으로 한다.

02. ☐ : 건축물의 **각 층** 또는 그 일부로서 벽·기둥의 중심선으로 둘러싸인 부분의 ☐으로 한다.
   ① 벽·기둥의 구획이 없는 건축물 ⇨ ☐m **후퇴**한 선으로 둘러싸인 수평투영면적으로 한다.
   ② 노대 등이 접한 가장 긴 외벽 길이에 ☐m를 **곱한 값을 뺀** 면적을 산입
   ③ ☐ ⇨ 공중통행, 차량의 통행, 주차전용에 이용, 공동주택 ⇨ 바닥면적 산정에서 **제외한다.**
   ④ **설비제외** : 승강기탑, 계단탑, 장식탑, **다락**[층고가 ☐미터[경사지붕 : ☐m], 냉각탑, 정화조, 기계실, 전기실, 어린이놀이터, 조경시설 제외
   ⑤ **덧 댄것 제외** : ☐, ☐는 제외한다.
   ⑥ 매장☐ 보호 및 전시에 전용되는 부분, 지하주차장의 경사로(지상층에서 지하 1층으로 내려가는 부분으로 한정)는 바닥면적에 산입하지 ☐.

03. **연면적** : 하나의 건축물의 각층의 바닥면적[지하층 면적 포함]의 합계 단, **용적률** 산정시의 연면적에는 ☐, 지상층의 ☐[부속용도], ☐, ☐의 면적을 제외한다.

04. **층수** : 지하층은 건축물의 층수에 제외한다.
   ① 부분에 따라 층수 달리 ⇨ ☐ ☐ **층수**로 한다.
   ② 층의 구분이 명확하지 아니한 건축물은 ☐m마다 **하나의 층**으로 산정한다.

05. **건축물의 건폐율**[건대]**과 용적률**[연대]
   ① **건폐율** : 대지면적에 대한 건축면적의 비율
   ② **용적률** : 대지면적에 대한 연면적의 비율
   ③ **건폐율과 용적률의 최대한도**는 국토의 계획 및 이용에 관한 법률에 따른다. 다만, 건축법에서 기준을 ☐ 또는 ☐ 할 수 있다.

06. **대지분할제한** : 주거지역 : ☐m² ⇨ 상업지역 : ☐m²
   ⇨ 공업지역 : ☐m² ⇨ 녹지지역 : ☐m²
   ⇨ 기타지역 : ☐m² 미만으로 분할을 금지한다.

THEMA 18 높이와 일조권 제한 ▶ 4주차

01. **가로구역**: 도로로 둘러싸인 일단의 지역

① 허가권자는 가로구역 단위의 건축물 높이를 지정·공고할 수 있다.

② 특별자치시장·특별자치도지사·시장·군수·구청장은 가로구역의 높이를 완화하여 적용할 필요가 있다고 판단되는 대지에 대하여는 대통령령으로 정하는 바에 따라 건축위원회의 심의를 거쳐 높이를 완화하여 적용할 수 있다.

③ 특별시장·광역시장은 도시의 관리를 위하여 필요하면 가로구역별 건축물의 높이를 특별시나 광역시의 조례로 정할 수 있다.

④ 허가권자는 같은 가로구역에서 건축물의 용도 및 형태에 따라 건축물의 높이를 다르게 정할 수 있다.

⑤ 허가권자는 일조·통풍 등 주변 환경 및 도시미관에 미치는 영향이 크지 않다고 인정하는 경우에는 건축위원회의 심의를 거쳐 이 법 및 다른 법률에 따른 가로구역의 높이 완화에 관한 규정을 중첩하여 적용할 수 있다.

02. 전용주거지역 또는 일반주거지역의 일조권 제한

① **원칙**: 정북방향 ⇨ 띄어 건축하여야 한다.

---
1. 높이 10m 이하인 부분: 인접대지 경계선으로부터 1.5m 이상
2. 높이 10m 초과한 부분: 인접대지 경계선으로부터 해당 건축물의 각 부분의 높이의 1/2 이상
---

② **예외**: 정남방향[정북방향으로 도로, 공원, 하천 등 건축이 금지된 공지에 접한 대지] ⇨ 띄어 건축할 수 있다.

03. 2층 이하로서 높이가 8m 이하인 건축물: 조례가 정하는 바에 따라 일조 등의 확보를 위한 높이제한 규정을 적용하지 아니할 수 있다.

04. 중심상업지역과 일반상업지역의 공동주택: 채광 등의 확보를 위한 제한을 적용하지 아니한다.

THEMA 18 높이와 일조권 제한 ▶ 4주차

01. **가로구역**: 도로로 둘러싸인 일단의 지역

① 허가권자는 가로구역 단위의 건축물 높이를 지정·공고할 수 있다.

② 특별자치시장·특별자치도지사·시장·군수·구청장은 가로구역의 높이를 완화하여 적용할 필요가 있다고 판단되는 대지에 대하여는 대통령령으로 정하는 바에 따라 건축위원회의 □□를 거쳐 높이를 완화하여 적용할 수 있다.

③ 특별시장·광역시장은 도시의 관리를 위하여 필요하면 가로구역별 건축물의 높이를 특별시나 광역시의 □□로 정할 수 있다.

④ 허가권자는 같은 가로구역에서 건축물의 용도 및 형태에 따라 건축물의 높이를 □□□ 정할 수 있다.

⑤ 허가권자는 일조·통풍 등 주변 환경 및 도시미관에 미치는 영향이 크지 않다고 인정하는 경우에는 건축위원회의 심의를 거쳐 이 법 및 다른 법률에 따른 가로구역의 높이 완화에 관한 규정을 □□하여 적용할 수 있다.

02. □□주거지역 또는 □□주거지역의 일조권 제한

① **원칙**: 정북방향 ⇨ 띄어 건축하여야 한다.

---
1. 높이 10m 이하인 부분: 인접대지 경계선으로부터 1.5m 이상
2. 높이 10m 초과한 부분: 인접대지 경계선으로부터 해당 건축물의 각 부분의 높이의 1/2 이상
---

② **예외**: 정남방향[정북방향으로 도로, 공원, 하천 등 건축이 금지된 공지에 접한 대지] ⇨ 띄어 건축할 수 있다.

03. □층 이하로서 높이가 □m 이하인 건축물: 조례가 정하는 바에 따라 일조 등의 확보를 위한 높이제한 규정을 적용하지 아니할 수 있다.

04. □□상업지역과 □□상업지역의 공동주택: 채광 등의 확보를 위한 제한을 적용하지 아니한다.

THEMA 19 특별건축구역 및 이행강제금 ▶ 4주차

01. **특별건축구역 지정권자**: 국토교통부장관 또는 시·도지사[30일 이내 심의]가 지정 ○ [5년 이내 착수] ⇨ 개발제한구역, 자연공원, 접도구역, 보전산지는 특별건축구역으로 지정할 수 없다. ⇨ 특별건축구역을 지정하고자 하는 지역이 지정하려는 지역이 군사기지 및 군사시설보호구역 ⇨ 미리 국방부장관과 협의하여야 한다. ⇨ 시·도지사에게 제안시: 2/3 이상 서면 동의

02. **적용배제**: 대지의 조경, 공지, 건축물의 건폐율, 용적률, 높이제한, 일조 등의 확보를 위한 높이제한을 특별건축구역에 적용하지 아니할 수 있다.

03. **통합적용**: 공원, 부설주차장, 미술작품 설치는 특별건축구역에서 통합하여 설치할 수 있다.

04. **이행강제금**(= 집행벌 = 계속반복부과 = 간접강제)
1㎡ 당 시가표준액의 50% 해당 금액 × 위반 면적 × 대통령령으로 정하는 비율 ⇨ 무허가[100%], 무신고[70%], 용적률 초과[90%], 건폐율 초과[80%]

05. **영리목적이나 상습적 위반** ⇨ 100% 범위에서 가중하여야 한다. ⇨ 시정명령을 이행하는 경우에는 새로운 이행강제금의 부과를 즉시 중지하되, 이미 부과된 이행강제금은 징수하여야 한다.

06. **반복징수**: 1년에 2회 이내 부과, 60㎡ 이하의 주거용 건축물 ⇨ 부과금액의 1/2의 범위에서 감액 ⇨ **이행강제금과 벌금을 병과**할 수 있다.

07. 토지 또는 건축물의 소유자, 지상권자 등 대통령령으로 정하는 자(이하 "소유자등"이라 한다)는 전원의 합의로 지구단위계획구역에서 건축물의 건축·대수선 또는 리모델링에 관한 협정(건축협정)을 체결할 수 있다.

08. 협정체결자 또는 건축협정운영회의 대표자는 건축협정을 폐지하려는 경우에는 협정체결자 과반수 동의를 받아 국토교통부령으로 정하는 바에 따라 건축협정인가권자의 인가를 받아야 한다. ⇨ 인가를 받은 건축협정구역에서는 건폐율, 대지의 조경, 지하층의 설치, 부설주차장, 개인하수처리시설의 설치[용적률×, 계단의 설치×, 우편물 수취함×]을 개별 건축물마다 적용하지 아니하고 전부 또는 일부를 대상으로 통합하여 적용할 수 있다.

THEMA 19 특별건축구역 및 이행강제금 ▶ 4주차

01. **특별건축구역 지정권자**: 국토교통부장관 또는 시·도지사[30일 이내 심의]가 지정 ○ [□년 이내 착수] ⇨ 개발제한구역, 자연공원, 접도구역, 보전산지는 특별건축구역으로 지정할 수 □□. ⇨ 특별건축구역을 지정하고자 하는 지역이 지정하려는 지역이 군사기지 및 군사시설보호구역 ⇨ 미리 □□□과 협의하여야 한다. ⇨ 시·도지사에게 제안시: □/□ 이상 서면 동의

02. **적용배제**: 대지의 □□, □□, 건축물의 □□□, □□□, □□제한, 일조 등의 확보를 위한 □□제한을 특별건축구역에 적용하지 아니할 수 있다.

03. **통합적용**: □□, 부설□□□, □□□□ 설치는 특별건축구역에서 통합하여 설치할 수 있다.

04. **이행강제금**(= 집행벌 = 계속반복부과 = 간접강제)
1㎡ 당 시가표준액의 50% 해당 금액 × 위반 면적 × 대통령령으로 정하는 비율 ⇨ □허가[100%], 무□고[70%], □적률 초과[90%], □폐율 초과[80%]

05. **영리목적이나 상습적 위반** ⇨ □□% 범위에서 가중하여야 한다. ⇨ 시정명령을 이행하는 경우에는 새로운 이행강제금의 부과를 즉시 중지하되, 이미 부과된 이행강제금은 □□하여야 한다.

06. **반복징수**: 1년에 □회 이내 부과, □□㎡ 이하의 주거용 건축물 ⇨ 부과금액의 1/2의 범위에서 감액 ⇨ **이행강제금과 벌금을** □□할 수 있다.

07. 토지 또는 건축물의 소유자, 지상권자 등 대통령령으로 정하는 자(이하 "소유자등"이라 한다)는 □□의 합의로 지구단위계획구역에서 건축물의 건축·대수선 또는 리모델링에 관한 협정(건축협정)을 체결할 수 있다.

08. 협정체결자 또는 건축협정운영회의 대표자는 건축협정을 폐지하려는 경우에는 협정체결자 □□□ 동의를 받아 국토교통부령으로 정하는 바에 따라 건축협정인가권자의 인가를 받아야 한다. ⇨ 인가를 받은 건축협정구역에서는 건폐율, 대지의 조경, 지하층의 설치, 부설주차장, 개인하수처리시설의 설치[용적률×, 계단의 설치×, 우편물 수취함×]을 개별 건축물마다 적용하지 아니하고 전부 또는 일부를 대상으로 □□하여 적용할 수 있다.

THEMA 20 주택법 용어정의　　▶ 5주차

01. 주택 : 세대의 구성원이 장기간 독립된 주거생활을 영위할 수 있는 구조로 된 건축물, 그 부속토지를 [포함]한다.

02. 주택건설자금에 따른 분류

① **국민주택규모의 주택** : 주거전용면적이 1호당 또는 1세대당 [85]㎡ **이하** [수도권을 제외한 도시지역이 아닌 **읍·면 지역**은 [100]㎡ **이하**]

② **민영주택** : [국민주택]을 제외한 주택을 말한다.

03. 세[3]대[안]구분형 공동주택 : 구분된 공간 일부에 대하여 구분소유를 할 수 [없는] 주택[1 세대]을 말한다.

① 사업계획승인을 받은 공동주택 전체 세대수의 [3]분의 [1] 넘지 않을 것, 주택단지 전체 주거전용면적 합계의 [3]분의 [1]을 넘지 않을 것

② **공동주택관리법에 따른 행위의 허가를 받거나 신고를 하고 설치하는 공동주택의 경우** : 주택단지 안의 공동주택 전체 세대수의 [10]분의 [1]과 해당 동의 전체 세대수의 [3]분의 [1]을 각각 넘지 않을 것

04. 도시형 생활주택 : 도시지역에 건설하는 [300]세대 미만의 국민주택규모[85㎡ 이하]에 해당하는 주택 ⇨ 분양가 상한제 적용[×], 아파트[×]

① **단지형 연립주택** : 소형주택을 제외한 주택. 다만, 심의를 받은 경우 ⇨ [5]개층까지 건축할 수 있다.

② **단지형 다세대주택** : 소형주택을 제외한 주택. 다만, 심의를 받은 경우 ⇨ [5]개층까지 건축할 수 있다.

③ **소형 주택** : 욕실, 부엌을 설치할 것, 지하층에 세대를 설치하지 아니할 것

㉠ 주거전용면적은 [60]㎡ **이하**일 것

㉡ 개정삭제

㉢ 개정삭제

THEMA 20 주택법 용어정의　　▶ 5주차

01. 주택 : 세대의 구성원이 장기간 독립된 주거생활을 영위할 수 있는 구조로 된 건축물, 그 부속토지를 [　　]한다.

02. 주택건설자금에 따른 분류

① **국민주택규모의 주택** : 주거전용면적이 1호당 또는 1세대당 [　　]㎡ **이하** [수도권을 제외한 도시지역이 아닌 **읍·면 지역**은 [　　]㎡ **이하**]

② **민영주택** : [　　]을 제외한 주택을 말한다.

03. 세[3]대[안]구분형 공동주택 : 구분된 공간 일부에 대하여 구분소유를 할 수 [　　] 주택[1 세대]을 말한다.

① 사업계획승인을 받은 공동주택 전체 세대수의 [ ]분의 [ ] 넘지 않을 것, 주택단지 전체 주거전용면적 합계의 [ ]분의 [ ]을 넘지 않을 것

② **공동주택관리법에 따른 행위의 허가를 받거나 신고를 하고 설치하는 공동주택의 경우** : 주택단지 안의 공동주택 전체 세대수의 [ ]분의 [ ]과 해당 동의 전체 세대수의 [ ]분의 [ ]을 각각 넘지 않을 것

04. 도시형 생활주택 : 도시지역에 건설하는 [　　]세대 미만의 국민주택규모[85㎡ 이하]에 해당하는 주택 ⇨ 분양가 상한제 적용[ ], 아파트[ ]

① **단지형 연립주택** : 소형주택을 제외한 주택. 다만, 심의를 받은 경우 ⇨ [ ]개층까지 건축할 수 있다.

② **단지형 다세대주택** : 소형주택을 제외한 주택. 다만, 심의를 받은 경우 ⇨ [ ]개층까지 건축할 수 있다.

③ **소형 주택** : 욕실, 부엌을 설치할 것, 지하층에 세대를 설치하지 아니할 것

㉠ 주거전용면적은 [　　]㎡ **이하**일 것

㉡ 개정삭제

㉢ 개정삭제

05. **준주택** : 오피스텔, 노인복지주택, 다중생활시설, 기숙사

06. 부대시설 : [딸린 시설] ⇨ 담장 · 주택단지 안의 도로 · 주차장 · 관리사무소, 건축설비[우편함 · 승강기 · 공동시청 안테나 · 국기게양대 · 피뢰침]를 말한다.

07. 복리시설 주의 할아버지와 손자 ⇨ 어린이놀이터 · 근생 · 유치원 · 주민운동시설 · 경로당을 말한다.

08. 간선시설 주의 도로 + 불 3번 질러[연결시설] ⇨ 도로 · 전기 · 가스 · 통신 · 지역난방시설 및 상하수도 등 주택단지 안의 기간시설을 주택단지 밖의 기간시설에 연결시키는 시설을 말한다.

09. 공공택지 : **공공사업**[공적주체]에 따라 개발 · 조성되는 **공동주택건설용지** ⇨ 도시개발사업[수용 · 사용방식과 혼용방식 중 수용 · 사용방식] ⇨ 사적주체[×] ⇨ 단독주택[×] ⇨ 환지방식[×] ⇨ 조합이 시행하는 정비사업 [×]

10. **리모델링** : **증축**[사용검사일부터 15년], **대수선**[사용검사일부터 10년] 증축 ⇨ 30% 이내 ⇨ 85 미만[40% 이내] ⇨ 공용부분도 증축가능, 세대수 증가형[15%] ⇨ 수직증축형[3개층(15층 이상)]
⇨ 14층 이하 ⇨ 2개층 이하

11. **공구** : 하나의 주택단지에서 **둘 이상**으로 구분, 착공신고 및 사용검사를 별도로 수행/ 경계 ⇨ 6m 이상 폭/공구별 세대수 ⇨ 300세대 이상 / **전체 세대수** ⇨ 600세대 이상

12. **주택단지** : 철도 · 고속도로 · 자동차전용도로, 폭 20m 이상 **일반도로**, 폭 8m 이상인 도시 · 군계획예정도로로 분리된 토지 ⇨ 각각 별개 주택단지로 본다.

13. 토지임대부 분양주택의 토지에 대한 임대차기간은 40년 이내로 한다.

14. 토지임대부 분양주택의 토지에 대한 임대차기간을 갱신하기 위해서는 토지임대부 분양주택 소유자의 75% 이상이 계약갱신을 청구하여야 한다.

15. 토지임대료는 월별 임대료를 원칙으로 하되, 토지소유자와 주택을 공급받은 자가 합의한 경우에는 임대료를 보증금으로 전환하여 납부할 수 있다.

05. **준주택** : ☐피스텔, ☐인복지주택, ☐중생활시설, ☐숙사

06. ☐☐☐☐ : [딸린 시설] ⇨ 담장 · 주택단지 안의 도로 · 주차장 · 관리사무소, 건축설비[우편함 · 승강기 · 공동시청 안테나 · 국기게양대 · 피뢰침]를 말한다.

07. ☐☐☐☐ 주의 할아버지와 손자 ⇨ 어린이놀이터 · 근생 · 유치원 · 주민운동시설 · 경로당을 말한다.

08. ☐☐☐☐ 주의 도로 + 불 3번 질러[연결시설] ⇨ 도로 · 전기 · 가스 · 통신 · 지역난방시설 및 상하수도 등 주택단지 안의 기간시설을 주택단지 밖의 기간시설에 연결시키는 시설을 말한다.

09. ☐☐☐☐ : **공공사업**[공적주체]에 따라 개발 · 조성되는 **공동주택건설용지** ⇨ 도시개발사업[수용 · 사용방식과 혼용방식 중 수용 · 사용방식] ⇨ 사적주체[ ] ⇨ 단독주택[ ] ⇨ 환지방식[ ] ⇨ 조합이 시행하는 정비사업[ ]

10. **리모델링** : **증축**[사용검사일부터 15년], **대수선**[사용검사일부터 10년] 증축 ⇨ ☐% 이내 ⇨ 85 미만[40% 이내] ⇨ 공용부분도 증축가능, 세대수 증가형[15%] ⇨ 수직증축형[3개층(15층 이상)]
⇨ ☐☐층 이하 ⇨ ☐개층 이하

11. **공구** : 하나의 주택단지에서 **둘 이상**으로 구분, 착공신고 및 사용검사를 별도로 수행/ 경계 ⇨ ☐m 이상 폭/공구별 세대수 ⇨ ☐☐☐세대 이상 / **전체 세대수** ⇨ ☐☐☐세대 이상

12. **주택단지** : 철도 · 고속도로 · 자동차전용도로, 폭 ☐☐m 이상 **일반도로**, 폭 ☐☐m 이상인 도시 · 군계획예정도로로 분리된 토지 ⇨ 각각 별개 주택단지로 본다.

13. 토지임대부 분양주택의 토지에 대한 임대차기간은 ☐☐년 이내로 한다.

14. 토지임대부 분양주택의 토지에 대한 임대차기간을 갱신하기 위해서는 토지임대부 분양주택 소유자의 ☐☐% 이상이 계약갱신을 청구하여야 한다.

15. 토지임대료는 ☐☐ 임대료를 원칙으로 하되, 토지소유자와 주택을 공급받은 자가 합의한 경우에는 임대료를 보증금으로 전환하여 납부할 수 있다.

THEMA 21 등록사업자 ▶ 5주차

01. **등록 사업주체**: 연간 [20]호, [20]세대 [도시형 생활주택은 30세대] 이상의 주택건설사업 또는 연간 [1]만㎡ 이상 대지조성사업을 시행하려는 자는 국토교통부장관에게 등록하여야 한다.

02. **비등록사업주체**: 국가·지방자치단체, 한국토지주택공사(LH 공사), 지방공사, 공익법인, **주택조합[등록사업자와 [공동]으로 건설사업], 고용자[등록사업자와 [공동]으로 건설사업]**는 등록하지 [아니한다].

03. 고용자가 그 근로자의 주택을 건설하는 경우에는 대통령령으로 정하는 바에 따라 등록사업자와 공동으로 사업을 [시행하여야 한다]. 이 경우 고용자와 등록사업자를 공동사업주체로 [본다].

04. 설립된 주택조합(세대수를 증가하지 아니하는 리모델링주택조합을 제외)이 그 구성원의 주택을 건설하는 경우에는 등록사업자(지방자치단체·한국토지주택공사 및 지방공사를 포함한다)와 공동으로 사업을 시행[할 수 있다].

05. 등록기준에 미달 등에 해당하면 그 등록을 말소하거나 1년 이내의 기간을 정하여 영업의 정지를 명할 수 있다. 다만, [거짓] 그 밖의 부정한 방법으로 등록한 때는 말소하여야 한다. 등록증을 [대여]한 때는 말소하여야 한다.

06. **국가·지자체·LH공사·지방공사**: 보증[✕] ⇨ 등록[✕] ⇨ 입주자모집 공고승인신청[✕] ⇨ 부기등기[✕] ⇨ 주택건설 대지 소유권확보[✕] ⇨ 수용사용 가능[○][국민주택 건설시] ⇨ 타인토지 출입 등 가능[○] ⇨ 리모델링 감리자 지정[✕] ⇨ **국가·LH공사도** 사업계획승인 받아[국토교통부장관의 승인[○]] ⇨ **국가·LH공사** 사용검사 받아[국토교통부장관의 검사[○]]

THEMA 21 등록사업자 ▶ 5주차

01. **등록 사업주체**: 연간 [ ]호, [ ]세대 [도시형 생활주택은 30세대] 이상의 주택건설사업 또는 연간 [ ]만㎡ 이상 대지조성사업을 시행하려는 자는 국토교통부장관에게 등록하여야 한다.

02. **비등록사업주체**: 국가·지방자치단체, 한국토지주택공사(LH 공사), 지방공사, 공익법인, **주택조합[등록사업자와 [ ]으로 건설사업], 고용자[등록사업자와 [ ]으로 건설사업]**는 등록하지 [ ].

03. 고용자가 그 근로자의 주택을 건설하는 경우에는 대통령령으로 정하는 바에 따라 등록사업자와 공동으로 사업을 [ ]. 이 경우 고용자와 등록사업자를 공동사업주체로 [ ].

04. 설립된 주택조합(세대수를 증가하지 아니하는 리모델링주택조합을 제외)이 그 구성원의 주택을 건설하는 경우에는 등록사업자(지방자치단체·한국토지주택공사 및 지방공사를 포함한다)와 공동으로 사업을 시행[ ].

05. 등록기준에 미달 등에 해당하면 그 등록을 말소하거나 1년 이내의 기간을 정하여 영업의 정지를 명할 수 있다. 다만, [ ] 그 밖의 부정한 방법으로 등록한 때는 말소하여야 한다. 등록증을 [ ]한 때는 말소하여야 한다.

06. **국가·지자체·LH공사·지방공사**: 보증[ ] ⇨ 등록[ ] ⇨ 입주자모집 공고승인신청[ ] ⇨ 부기등기[ ] ⇨ 주택건설 대지 소유권확보[ ] ⇨ 수용사용 가능[ ][국민주택 건설시] ⇨ 타인토지 출입 등 가능[ ] ⇨ 리모델링 감리자 지정[ ] ⇨ **국가·LH공사도** 사업계획승인 받아[국토교통부장관의 승인[ ]] ⇨ **국가·LH공사** 사용검사 받아[국토교통부장관의 검사[ ]]

01. 주택조합[리모델링주택조합은 제외]은 주택조합 설립인가를 받는 날부터 사용검사 받는 날까지 주택건설예정세대수[임대주택 세대수는 제외]의 50% 이상 조합원으로 구성할 것, 조합원은 20명 이상일 것

02. **지역주택조합원** : 무주택자 또는 85㎡ 이하의 주택 한 채 소유한 세대주인 자로서 6개월 이상 거주 / **직장주택조합 자격** : 인가 ⇨ **무주택자 또는 85㎡** 이하의 주택 한 채 소유한 세대주인 자

03. **국민주택을 공급**받기 위하여 **직장주택조합**을 설립 ⇨ 시장·군수·구청장의 신고[인가 ×] ⇨ 무주택자에 한한다.

04. **지역주택조합이나 직장주택조합** : 설립인가를 받은 날부터 2년 이내에 사업계획승인을 신청하여야 한다.

05. 주택조합[리모델링주택조합[= **건설** ×] 제외]은 구성원을 위하여 건설하는 주택을 조합원에게 우선 공급할 수 있다.

06. 지역주택조합 또는 직장주택조합의 설립인가를 받기 위하여 조합원을 모집하려는 자는 **50% 이상 토지 사용권원을 확보**하고, 관할 시장·군수·구청장에게 신고하고, 공개모집의 **방법**으로 조합원을 모집하여야 한다. ⇨ 공개모집 이후 조합원의 사망·자격상실·탈퇴 등으로 인한 결원을 **충원**하거나 미달된 조합원을 **재모집**하는 경우에는 신고하지 아니하고 선착순의 방법으로 조합원을 모집할 수 있다.

07. 주택조합과 등록사업자가 공동으로 사업을 시행·시공할 경우 등록사업자는 자신의 귀책사유로 사업추진이 지연 ⇨ 조합원에게 손해배상하여야 한다.

08. 리모델링주택조합인가 ⇨ 동을 리모델링 : 2/3 이상 결의[허가는 75% 이상] ⇨ 주택단지 **전체 리모델링** : 주택단지 전체 구분소유자 및 의결권의 각 2/3 이상 결의와 각 동 과반수 결의[허가는 전체 75% 이상과 각 동별 50% 이상]

09. 리모델링허가를 신청하기 위한 동의율을 확보한 경우 리모델링결의를 한 리모델링주택조합은 리모델링결의에 찬성하지 아니하는 자의 주택 및 토지를 매도청구할 수 있다.

THEMA 22 주택조합 ▶ 5주차

01. 주택조합[리모델링주택조합은 제외]은 주택조합 설립인가를 받는 날부터 사용검사 받는 날까지 주택건설예정세대수[임대주택 세대수는 제외]의 [ ]% 이상 조합원으로 구성할 것, 조합원은 [ ]명 이상일 것

02. **지역주택조합원** : 무주택자 또는 [ ]㎡ 이하의 주택 한 채 소유한 세대주인 자로서 [ ]개월 이상 거주 / **직장주택조합 자격** : 인가 ⇨ **무주택자 또는** [ ]㎡ 이하의 주택 한 채 소유한 세대주인 자

03. **국민주택을 공급**받기 위하여 **직장주택조합**을 설립 ⇨ 시장·군수·구청장의 [ ][인가 ×] ⇨ [ ]에 한한다.

04. **지역주택조합이나 직장주택조합** : 설립인가를 받은 날부터 [ ]년 이내에 사업계획승인을 신청하여야 한다.

05. 주택조합[리모델링주택조합[= **건설** ×] 제외]은 구성원을 위하여 [ ]하는 주택을 조합원에게 우선 공급할 수 있다.

06. 지역주택조합 또는 직장주택조합의 설립인가를 받기 위하여 조합원을 모집하려는 자는 **50% 이상 토지 사용권원을 확보**하고, 관할 시장·군수·구청장에게 [ ]하고, [ ]의 **방법**으로 조합원을 모집하여야 한다. ⇨ 공개모집 이후 조합원의 사망·자격상실·탈퇴 등으로 인한 결원을 **충원**하거나 미달된 조합원을 **재모집**하는 경우에는 [ ]하지 아니하고 [ ]의 방법으로 조합원을 모집할 수 있다.

07. 주택조합과 등록사업자가 공동으로 사업을 시행·시공할 경우 등록사업자는 자신의 귀책사유로 사업추진이 지연 ⇨ 조합원에게 [ ]하여야 한다.

08. 리모델링주택조합인가 ⇨ 동을 리모델링 : [ ]/[ ] 이상 결의[허가는 75% 이상] ⇨ 주택단지 **전체 리모델링** : 주택단지 전체 구분소유자 및 의결권의 각 [ ]/[ ] 이상 결의와 각 동 [ ] 결의[허가는 전체 75% 이상과 각 동별 50% 이상]

09. 리모델링허가를 신청하기 위한 동의율을 확보한 경우 리모델링결의를 한 리모델링주택조합은 리모델링결의에 찬성하지 아니하는 자의 주택 및 토지를 [ ]할 수 있다.

10. 소유자전원 동의를 받은 **입주자대표회의**는 시장·군수·구청장에게 허가[신고 ×]받고 리모델링할 수 있다.

11. 리모델링주택조합이 시공자를 선정하는 경우 경쟁입찰[수의계약 ×]방법으로 하여야 한다.

12. 조합원으로 추가 모집되는 자와 충원되는 자 ⇨ 자격요건 충족 여부 판단 ⇨ **주택조합**설립인가신청일을 기준 ⇨ 상속은 자격요건이 필요없다.

13. 시장·군수·구청장은 주택조합 또는 조합구성원이 **명령이나 처분을** 위반, 거짓으로 설립인가 받은 경우에는 주택조합 설립인가를 **취소할 수 있다.**

14. **주택조합의 발기인 또는 임원의 결격사유[선고유예]에 해당하게 되는 경우 해**당 발기인은 지위를 상실하고 해당 임원은 당연퇴직되며, 퇴직 전에 관여한 행위는 효력을 상실하지 아니한다. [임원, 직원, 발기인 겸직금지]

15. 주택조합은 주택조합의 **설립인가를 받은 날부터** ３년이 되는 날까지 사업계획 **승인을 받지 못하는 경우** 대통령령으로 정하는 바에 따라 총회의 의결을 거쳐 **해산 여부를 결정**하여야 한다.

16. 주택조합의 발기인은 **조합원 모집 신고가 수리된 날부터** ２년이 되는 날까지 **주택조합 설립인가를 받지 못하는 경우** 주택조합 가입 신청자 전원으로 구성되는 총회 의결을 거쳐 주택조합 사업의 **종결 여부를 결정**하도록 하여야 한다.

17. 모집주체는 주택조합 가입계약서의 내용을 주택조합 가입 신청자가 이해할 수 있도록 설명하여야 하고, 설명한 내용을 주택조합 가입 신청자가 이해하였음을 서면으로 확인을 받아 교부하여야 하며, 사본을 ５년간 보관하여야 한다.

18. 주택조합의 가입을 신청한 자는 가입비등을 예치한 날부터 30일 이내에 주택조합 가입에 관한 청약을 철회할 수 있다. ⇨ 청약 철회를 서면으로 하는 경우에는 청약 철회의 의사를 표시한 서면을 발송한 날에 그 효력이 발생한다.

19. 모집주체는 주택조합의 가입을 신청한 자가 청약 철회를 한 경우 청약 철회 의사가 도달한 날부터 ７일 이내에 예치기관의 장에게 가입비등의 반환을 요청하여야 한다. ⇨ 예치기관의 장은 가입비등의 반환 요청을 받은 경우 요청일부터 10일 이내에 그 가입비등을 예치한 자에게 반환하여야 한다. ⇨ 모집주체는 주택조합의 가입을 신청한 자에게 청약 철회를 이유로 위약금 또는 손해배상을 청구할 수 없다.

10. 소유자전원 동의를 받은 **입주자대표회의**는 시장·군수·구청장에게 ☐☐[신고 ×]받고 리모델링할 수 있다.

11. 리모델링주택조합이 시공자를 선정하는 경우 ☐☐☐☐[수의계약 ×]방법으로 하여야 한다.

12. 조합원으로 추가 모집되는 자와 충원되는 자 ⇨ 자격요건 충족 여부 판단 ⇨ **주택조합**☐☐☐☐☐☐☐을 기준 ⇨ ☐☐은 **자격요건이 필요없다.**

13. 시장·군수·구청장은 주택조합 또는 조합구성원이 **명령이나 처분을** ☐☐, ☐☐으로 설립인가 받은 경우에는 주택조합 설립인가를 **취소할 수 있다.**

14. **주택조합의 발기인 또는 임원의 결격사유[선고유예]에 해당하게 되는 경우 해**당 발기인은 지위를 상실하고 해당 임원은 ☐☐☐☐되며, 퇴직 전에 관여한 행위는 효력을 상실하지 아니한다. [임원, 직원, 발기인 겸직금지]

15. 주택조합은 주택조합의 **설립인가를 받은 날부터** ☐년이 되는 날까지 사업계획 **승인을 받지 못하는 경우** 대통령령으로 정하는 바에 따라 총회의 의결을 거쳐 **해산 여부를 결정**하여야 한다.

16. 주택조합의 발기인은 **조합원 모집 신고가 수리된 날부터** ☐년이 되는 날까지 **주택조합 설립인가를 받지 못하는 경우** 주택조합 가입 신청자 전원으로 구성되는 총회 의결을 거쳐 주택조합 사업의 **종결 여부를 결정**하도록 하여야 한다.

17. 모집주체는 주택조합 가입계약서의 내용을 주택조합 가입 신청자가 이해할 수 있도록 설명하여야 하고, 설명한 내용을 주택조합 가입 신청자가 이해하였음을 서면으로 확인을 받아 교부하여야 하며, 사본을 ☐년간 보관하여야 한다.

18. 주택조합의 가입을 신청한 자는 가입비등을 예치한 날부터 ☐☐일 이내에 주택조합 가입에 관한 청약을 철회할 수 있다. ⇨ 청약 철회를 서면으로 하는 경우에는 청약 철회의 의사를 표시한 서면을 ☐☐한 날에 그 효력이 발생한다.

19. 모집주체는 주택조합의 가입을 신청한 자가 청약 철회를 한 경우 청약 철회 의사가 도달한 날부터 ☐일 이내에 예치기관의 장에게 가입비등의 반환을 요청하여야 한다. ⇨ 예치기관의 장은 가입비등의 반환 요청을 받은 경우 요청일부터 ☐☐일 이내에 그 가입비등을 예치한 자에게 반환하여야 한다. ⇨ 모집주체는 주택조합의 가입을 신청한 자에게 청약 철회를 이유로 위약금 또는 손해배상을 청구할 수 ☐☐.

THEMA 23 주택상환사채 등 ▶ 5주차

01. **주택상환사채 발행**: LH공사[보증 ×], 등록사업자[보증 ○]
   ⇨ 국토교통부장관의 승인 / [조합은 발행×]

02. **발행방법**: 액면 또는 할인의 방법으로 기명증권 ⇨ 양도하거나 중도에 해약할 수 없다. ⇨ [세대원 전원]해외이주, 상속 등 부득이하면 양도 가능 ⇨ 주택상환사채 명의변경[성명과 주소를 사채원부에 기재하는 방법] ⇨ 대항력[성명을 채권에 기록]

03. **상환**: 발행일로부터 3년 초과 금지

04. **효력**: 등록사업자의 등록말소 ⇨ 사채의 효력영향×

05. **적용법규**: [선]주택법 ⇨ [후]상법 중 **사채발행규정**

06. **발행 요건**: 등록사업자 ⇨ [법인]자본금 5억 이상 ⇨ 건설업등록한 자 ⇨ 3년간 연 평균 300세대 이상

07. **사업계획승인**: 단독[30↑] 공동[30↑] 대지[1만㎡↑]
   ① **사업계획승인권자**: 신청일부터 60일 이내에 승인 여부 통보[20일 이내에 신고수리 여부를 신고인에게 통지하여야 한다.]
      ㉠ 원칙 ⇨ 10만㎡ 이상: 시·도지사, 대도시 시장[구청장[×]]
         ⇨ 10만㎡ 미만: 특별·광역·특자시장·특자도지사·시장·군수
      ㉡ 예외: 국토교통부장관[국가, 한국토지주택공사가 시행, 330만㎡ 이상의 규모로 택지개발사업 또는 도시개발사업, 수도권·광역시 지역의 긴급한 주택난 해소가 필요하거나 지역균형개발이 필요한 경우 등)]
   ② **사업계획승인** ㉠ 원칙: 주택건설대지 소유권 확보
      ㉡ 예외: 지구단위계획의 결정이 필요 ⇨ 80% 이상의 사용권원을 확보 ⇨ 나머지는 매도청구
   ③ **매도청구**: 대지[건축물 포함 = 규모불문]를 시가에 따라 매도청구[사전에 3개월 이상 협의]
      ㉠ 95% 이상: 모든 소유자에게 매도청구 가능
      ㉡ 80% 이상 95% 미만: 지구단위계획구역의 결정고시일 10년 전에 취득하여 보유한 자[알박기]를 제외하고 매도청구할 수 있다.

THEMA 23 주택상환사채 등 ▶ 5주차

01. **주택상환사채 발행**: LH공사[보증 ×], [   ][보증 ○]
   ⇨ [   ]의 승인 / [조합은 발행×]

02. **발행방법**: 액면 또는 할인의 방법으로 [   ]증권 ⇨ 양도하거나 중도에 해약할 수 [   ]. ⇨ [세대원 [   ]]해외이주, 상속 등 부득이하면 양도 가능 ⇨ 주택상환사채 명의변경[성명과 주소를 사채원부에 기재하는 방법] ⇨ 대항력[성명을 채권에 기록]

03. **상환**: 발행일로부터 [ ]년 초과 금지

04. **효력**: 등록사업자의 등록말소 ⇨ 사채의 효력영향×

05. **적용법규**: [선]주택법 ⇨ [후]상법 중 **사채발행규정**

06. **발행 요건**: 등록사업자 ⇨ [법인]자본금 5억 이상 ⇨ 건설업등록한 자 ⇨ 3년간 연 평균 300세대 이상

07. **사업계획승인**: 단독[30↑] 공동[30↑] 대지[1만㎡↑]
   ① **사업계획승인권자**: 신청일부터 [   ]일 이내에 승인 여부 통보[20일 이내에 신고수리 여부를 신고인에게 통지하여야 한다.]
      ㉠ 원칙 ⇨ 10만㎡ 이상: 시·도지사, 대도시 시장[구청장[×]]
         ⇨ 10만㎡ 미만: 특별·광역·특자시장·특자도지사·시장·군수
      ㉡ 예외: [   ][국가, 한국토지주택공사가 시행, 330만㎡ 이상의 규모로 택지개발사업 또는 도시개발사업, 수도권·광역시 지역의 긴급한 주택난 해소가 필요하거나 지역균형개발이 필요한 경우 등)]
   ② **사업계획승인** ㉠ 원칙: 주택건설대지 소유권 확보
      ㉡ 예외: 지구단위계획의 결정이 필요 ⇨ 80% 이상의 사용권원을 확보 ⇨ 나머지는 매도청구
   ③ **매도청구**: 대지[건축물 포함 = 규모불문]를 [   ]에 따라 매도청구[사전에 3개월 이상 협의]
      ㉠ 95% 이상: [   ] 소유자에게 매도청구 가능
      ㉡ 80% 이상 95% 미만: 지구단위계획구역의 결정고시일 [   ]년 전에 취득하여 보유한 자[알박기]를 제외하고 매도청구할 수 있다.

08. 공사착공과 사업계획승인 ⇨ 취소할 수 있다.
① 사업계획승인 받은 날부터 [5]년 이내 미착수 ⇨ 취소할 수 있다.
② 공구별 분할시행에 따라 사업계획승인시[연장 1년]
　　㉠ **최초 공구**: [5]년 이내 착수 ⇨ 미착수 ⇨ 취소할 수 있다.
　　㉡ **최초 공구 외의 공구**: 착공신고일부터 [2]년 이내 착수 ⇨ 미착수 ⇨ 취소할 수 [없다].
③ 경매·공매[보증×]로 소유권을 [상실] ⇨ 취소할 수 있다.
④ 부도·파산 등[보증×]으로 공사완료 [불가능] ⇨ 취소할 수 있다.

09. 국공유지 우선 매각·임대: 국가·지자체는 국민주택규모의 주택을 [50]% 이상, 조합주택 건설 ⇨ 우선적으로 토지를 매각·임대할 수 있다. ⇨ [2]년 이내 미착수 ⇨ 환매하거나 임대계약을 취소할 수 있다.

10. 체비지 매각: 국민주택용지로 사용 ⇨ 도시개발사업시행자에게 체비지 매각 요구 ⇨ 체비지 총면적의 [50]% 범위에서 우선적으로 매각할 수 있다.
　체비지 양도가격: 원칙 ⇨ [감정원가]를 기준
　예외: 임대주택 등을 건설시 ⇨ [조성원가]를 기준

11. 사용검사권자: 시장·군수·구청장[국장 - 국가, LH공사] ⇨ 사용검사기간: 15일 이내 ⇨ 공구별로 사용검사가능, 사업계획승인 조건의 미이행 등 사유가 있는 경우에는 [동별]로 사용검사를 받을 수 있다.

12. 임시사용승인: ① 대지조성사업 ⇨ [구획별]
　② 주택건설사업 ⇨ [동별]　　　③ 공동주택 ⇨ [세대별]

13. 사용검사 후 매도청구 등
① **주택 소유자의 매도청구**: 주택(복리시설을 포함)의 소유자들은 주택단지 전체 대지에 속하는 일부의 토지에 대한 소유권이전등기 말소소송 등에 따라 사용검사(동별 사용검사)를 받은 이후에 해당 토지의 소유권을 회복한 자(실소유자)에게 해당 토지를 [시가]로 매도할 것을 청구할 수 있다.
② **대표자**: 주택의 소유자들은 대표자(주택의 소유자 전체의 [4분의 3] 이상의 동의)를 선정하여 매도청구에 관한 소송을 제기할 수 있다.
③ **판결의 효력**: 소유자 [전체]에 대하여 효력이 있다.
④ **요건**: 토지의 면적이 주택단지 전체 대지 면적의 [5]% 미만이어야 한다.
⑤ **송달기간**: 토지 소유권을 회복한 날부터 [2]년 이내에 해당 실소유자에게 송달되어야 한다.

---

08. 공사착공과 사업계획승인 ⇨ 취소할 수 있다.
① 사업계획승인 받은 날부터 [　]년 이내 미착수 ⇨ 취소할 수 있다.
② 공구별 분할시행에 따라 사업계획승인시[연장 1년]
　　㉠ **최초 공구**: [　]년 이내 착수 ⇨ 미착수 ⇨ 취소할 수 있다.
　　㉡ **최초 공구 외의 공구**: 착공신고일부터 [　]년 이내 착수 ⇨ 미착수 ⇨ 취소할 수 [　].
③ 경매·공매[보증×]로 소유권을 [　] ⇨ 취소할 수 있다.
④ 부도·파산 등[보증×]으로 공사완료 [　] ⇨ 취소할 수 있다.

09. 국공유지 우선 매각·임대: 국가·지자체는 국민주택규모의 주택을 [　]% 이상, 조합주택 건설 ⇨ 우선적으로 토지를 매각·임대할 수 있다. ⇨ [　]년 이내 미착수 ⇨ 환매하거나 임대계약을 취소할 수 있다.

10. 체비지 매각: 국민주택용지로 사용 ⇨ 도시개발사업시행자에게 체비지 매각 요구 ⇨ 체비지 총면적의 [　]% 범위에서 우선적으로 매각할 수 있다.
　체비지 양도가격: 원칙 ⇨ [　]를 기준
　예외: 임대주택 등을 건설시 ⇨ [　]를 기준

11. 사용검사권자: 시장·군수·구청장[국장 - 국가, LH공사] ⇨ 사용검사기간: 15일 이내 ⇨ 공구별로 사용검사가능, 사업계획승인 조건의 미이행 등 사유가 있는 경우에는 [　]로 사용검사를 받을 수 있다.

12. 임시사용승인: ① 대지조성사업 ⇨ [　]
　② 주택건설사업 ⇨ [　]　　　③ 공동주택 ⇨ [　]

13. 사용검사 후 매도청구 등
① **주택 소유자의 매도청구**: 주택(복리시설을 포함)의 소유자들은 주택단지 전체 대지에 속하는 일부의 토지에 대한 소유권이전등기 말소소송 등에 따라 사용검사(동별 사용검사)를 받은 이후에 해당 토지의 소유권을 회복한 자(실소유자)에게 해당 토지를 [　]로 매도할 것을 청구할 수 있다.
② **대표자**: 주택의 소유자들은 대표자(주택의 소유자 전체의 [　] 이상의 동의)를 선정하여 매도청구에 관한 소송을 제기할 수 있다.
③ **판결의 효력**: 소유자 [　]에 대하여 효력이 있다.
④ **요건**: 토지의 면적이 주택단지 전체 대지 면적의 [　]% 미만이어야 한다.
⑤ **송달기간**: 토지 소유권을 회복한 날부터 [　]년 이내에 해당 실소유자에게 송달되어야 한다.

THEMA 24 분양가상한제 ▶ 5주차

01. 분양가상한제 적용제외: 적용하지 아니한다.

> 1. 관광특구의 공동주택 ⇨ 층수가 50층 이상이거나 높이가 150m 이상
> 2. 경제자유구역에서 건설·공급하는 공동주택
> 3. 도시형 생활주택, 혁신지구재생사업에서 건설·공급하는 주택
> 4. 소규모주택정비사업, 도심 공공주택 복합사업에서 건설·공급하는 주택
> 5. 주거환경개선사업 및 공공재개발사업에서 건설·공급하는 주택

02. 분양가격 구성: 택지비[땅 값] + 건축비[집 값]로 구성한다.(토지임대부분양주택의 경우에는 건축비만 해당한다.)

03. 분양가격 공시: 공공택지[사업주체]와 공공택지 외의 택지[시장·군수·구청장] ⇨ 모두 공시하여야 한다.

04. 분양가상한제 지정요건: 국토교통부장관은 주택가격상승률이 물가상승률보다 현저히 높은 지역에서 주거정책심의위원회 심의를 거쳐 지정할 수 있다.

> 투기과열지구 중 다음에 해당하는 지역을 말한다.
> 1. 분양가상한제적용직전월부터 소급하여 12개월간의 아파트 분양가격 상승률이 물가상승률의 2배를 초과한 지역
> 2. 분양가상한제적용직전월부터 소급하여 3개월간의 주택매매거래량이 전년 동기 대비 20% 이상 증가한 지역
> 3. 분양가상한제적용직전월부터 소급하여 주택공급이 있었던 2개월 동안 해당 지역에서 공급되는 주택의 월평균 청약경쟁률이 모두 5대 1을 초과하였거나 해당 지역에서 공급되는 국민주택규모 주택의 월평균 청약경쟁률이 모두 10대 1을 초과한 지역

05. 심의: 해제 요청받은 날부터 40일 이내에 주거정책심의위원회의 심의를 거쳐 해제 여부를 결정·통보하여야 한다.

06. 위원회의 설치·운영: 시장·군수·구청장은 분양가격의 제한과 공시에 관한 사항을 심의하기 위하여 사업계획승인 신청이 있는 날부터 20일 이내에 분양가심사위[2]원회를 설치·운영하여야 한다.

07. 사업주체가 입주자를 모집하려는 경우: 시장·군수·구청장의 승인 ⇨ 복리시설은 신고 ⇨ 국가·지자체·LH공사·지방공사는 승인을 받지 아니한다.

THEMA 24 분양가상한제 ▶ 5주차

01. 분양가상한제 적용제외: 적용하지 아니한다.

> 1. ____의 공동주택 ⇨ 층수가 ____층 이상이거나 높이가 ____m 이상
> 2. 경제자유구역에서 건설·공급하는 공동주택
> 3. ____, 혁신지구재생사업에서 건설·공급하는 주택
> 4. 소규모주택정비사업, 도심 공공주택 복합사업에서 건설·공급하는 주택
> 5. 주거환경개선사업 및 ____에서 건설·공급하는 주택

02. 분양가격 구성: ____[땅 값] + ____[집 값]로 구성한다.(토지임대부분양주택의 경우에는 ____만 해당한다.)

03. 분양가격 공시: 공공택지[사업주체]와 공공택지 외의 택지[시장·군수·구청장] ⇨ 모두 ____하여야 한다.

04. 분양가상한제 지정요건: ____은 주택가격상승률이 물가상승률보다 현저히 높은 지역에서 주거정책심의위원회 심의를 거쳐 지정할 수 있다.

> 투기과열지구 중 다음에 해당하는 지역을 말한다.
> 1. 분양가상한제적용직전월부터 소급하여 12개월간의 아파트 분양가격 상승률이 물가상승률의 ☐배를 초과한 지역
> 2. 분양가상한제적용직전월부터 소급하여 3개월간의 주택매매거래량이 전년 동기 대비 ____% 이상 증가한 지역
> 3. 분양가상한제적용직전월부터 소급하여 주택공급이 있었던 2개월 동안 해당 지역에서 공급되는 주택의 월평균 청약경쟁률이 모두 ____대 1을 초과하였거나 해당 지역에서 공급되는 국민주택규모 주택의 월평균 청약경쟁률이 모두 ____대 1을 초과한 지역

05. 심의: 해제 요청받은 날부터 ____일 이내에 주거정책심의위원회의 심의를 거쳐 해제 여부를 결정·통보하여야 한다.

06. 위원회의 설치·운영: 시장·군수·구청장은 분양가격의 제한과 공시에 관한 사항을 심의하기 위하여 사업계획승인 신청이 있는 날부터 ____일 이내에 분양가심사위[2]원회를 설치·운영하여야 한다.

07. 사업주체가 입주자를 모집하려는 경우: 시장·군수·구청장의 ____ ⇨ 복리시설은 ____ ⇨ 국가·지자체·LH공사·지방공사는 승인을 받지 ____.

01. 공급질서 교란행위금지: 주택을 공급 받을 수 있는 조합원 지위 ⇨ 주택상환 사채[사채] ⇨ 입주자저축증서[통장] ⇨ 무허가건물확인서 ⇨ 건물철거예정증명서 ⇨ 건물철거확인서 ⇨ 이주대책대상자확인서에 해당하는 증서 또는 지위를 ⇨ 양도 · 양수[매매 · 증여] · 알선 · 광고행위는 **금지한다.** ⇨ 상속 · 저당은 **가능하다.** (～채권양도도 가능하다)

02. 위반 효과

① 주택공급신청 할 수 있는 지위의 무효, 체결된 공급계약을 취소하여야 한다.
   ▶ 주택법의 취소는 모두 ～～취소할 수 있다. 다만, 주택공급질서교란행위시 계약은 취소하여야 한다.

② 환매 : 주택가격산정금액 지급시 사업주체가 해당 주택을 취득한 것으로 본다.

③ 퇴거명령 : 주택가격을 지급하거나 법원에 공탁한 경우에는 해당 주택에 입주한 자에 대하여 기간을 정하여 퇴거를 명할 수 있다.

④ 위반한 자에 대하여 10년 이내의 범위에서 주택의 입주자 자격을 제한할 수 있다.

⑤ 3년 이하 징역 또는 3,000만 원 이하의 벌금을 부과한다. 다만, 그 위반행위로 얻은 이익의 3배에 해당하는 금액이 3,000만원을 초과하는 자는 그 이익의 3배에 해당하는 금액 이하의 벌금에 처한다.

03. 저당권설정 등의 제한

① **사업주체는** 입주자모집공고 승인신청일부터[**주택조합은 주택건설사업계획승인 신청일**] 소유권이전등기 신청할 수 있는 날[= 입주가능일] 이후 60일까지 기간 동안 입주예정자의 동의 없이 저당권설정 등의 행위를 금지한다.

② **부기등기 시기** : 대지는 입주자 모집공고 승인신청과 동시에, 주택은 소유권보존등기와 동시에 하여야 한다.

③ **부기등기 후 처분** : 무효[2년 이하 징역 / 2천 만원 이하 벌금]

01. 공급질서 교란행위금지: 주택을 공급 받을 수 있는 조합원 지위 ⇨ 주택상환 사채[사채] ⇨ 입주자저축증서[통장] ⇨ 무허가건물확인서 ⇨ 건물철거예정증명서 ⇨ 건물철거확인서 ⇨ 이주대책대상자확인서에 해당하는 증서 또는 지위를 ⇨ ☐ · ☐[☐ · ☐] · ☐ · ☐행위는 **금지한다.** ⇨ ☐ · ☐은 **가능하다.** (～채권양도도 가능하다)

02. 위반 효과

① 주택공급신청 할 수 있는 지위의 무효, 체결된 공급계약을 ☐.
   ▶ 주택법의 취소는 모두 ～～취소할 수 있다. 다만, 주택공급질서교란행위시 계약은 취소하여야 한다.

② 환매 : 주택가격산정금액 지급시 사업주체가 해당 주택을 취득한 것으로 본다.

③ 퇴거명령 : 주택가격을 지급하거나 법원에 공탁한 경우에는 해당 주택에 입주한 자에 대하여 기간을 정하여 퇴거를 명할 수 있다.

④ 위반한 자에 대하여 ☐년 이내의 범위에서 주택의 입주자 자격을 제한할 수 있다.

⑤ 3년 이하 징역 또는 3,000만 원 이하의 벌금을 부과한다. 다만, 그 위반행위로 얻은 이익의 ☐에 해당하는 금액이 3,000만원을 초과하는 자는 그 이익의 ☐에 해당하는 금액 이하의 벌금에 처한다.

03. 저당권설정 등의 제한

① **사업주체는** ☐ ☐부터[**주택조합은 주택건설사업계획승인 신청일**] 소유권이전등기 신청할 수 있는 날[= 입주가능일] 이후 ☐일까지 기간 동안 입주예정자의 동의 없이 저당권설정 등의 행위를 금지한다.

② **부기등기 시기** : 대지는 입주자 모집공고 승인신청과 동시에, 주택은 ☐와 동시에 하여야 한다.

③ **부기등기 후 처분** : ☐[2년 이하 징역 / 2천 만원 이하 벌금]

THEMA 26 투기과열지구 및 전매제한의 예외 ▶ 5주차

01. 투기과열지구

① 지정권자: 국토교통부장관 또는 시·도지사
② 투기과열지구의 지정요건

> 1. 투기과열지구지정직전월부터 소급하여 주택공급이 있었던 2개월 동안 해당 지역에서 공급되는 주택의 월별평균 **청약경쟁률**이 모두 5대 1을 초과하였거나 **국민주택규모** 주택의 월별평균 청약경쟁률이 모두 10대 1을 초과한 곳
> 2. 다음의 어느 하나에 해당하여 주택공급이 위축될 우려가 있는 곳
>   ① 투기과열지구지정직전월의 주택분양실적이 전달보다 30% 이상 감소한 곳
>   ② 사업계획승인 건수나 건축법에 따른 건축허가 건수(투기과열지구 지정직전월부터 소급하여 6개월간의 건수를 말한다)가 직전 연도보다 급격하게 감소한 곳
> 3. 신도시 개발이나 주택의 전매행위 성행 등으로 투기 및 주거불안의 우려가 있는 곳으로서 다음의 어느 하나에 해당하는 곳
>   ① 해당 지역이 속하는 시·도별 주택보급률이 전국 평균 이하인 경우
>   ② 해당 지역이 속하는 시·도별 자가주택비율이 전국 평균 이하인 경우

③ **의견청취·협의**: **국토교통부장관**이 투기과열지구를 지정하거나 해제할 경우에는 **시·도지사의 의견**을 듣고 그 의견에 대한 검토의견을 회신하여야 하며, **시·도지사**가 투기과열지구를 지정하거나 해제할 경우에는 **국토교통부장관**과 협의하여야 한다.
④ 반기마다 투기과열지구 지정의 유지 여부를 재검토하여야 한다.
⑤ 해제를 요청받은 국토교통부장관 또는 시·도지사는 요청받은 날부터 40일 이내에 **심의**를 거쳐 해제 여부를 결정하여 심의결과를 **통보**하여야 한다.
⑥ 투기과열지구에서 건설·공급되는 주택: 전매행위 제한기간은 해당 주택의 입주자로 선정된 날부터 [최초로 주택공급계약 체결이 가능한 날×]부터 수도권은 3년, 수도권 외의 지역은 1년으로 한다.

02. 전매행위예외 인정

전매제한 특례 : 사업주체의 동의 받아 전매할 수 있다. ⇨ 다만, 주택을 공급받은 자가 전매하는 경우에는 한국토지주택공사가 그 주택을 우선 매입할 수 있다.

1. 세대원이 근무 또는 생업상의 사정·질병치료·취학·결혼으로 인하여 **세대원** 전원이 다른 광역시·특별자치시·특별자치도·시 또는 군[광역시 군 제외]으로 이전하는 경우. 다만, 수도권 **안에서 이전하는 경우를** 제외한다.
2. **상속으로 취득한 주택으로 세대원** 전원이 이전하는 경우
3. **세대원** 전원이 해외로 **이주하거나** 2**년 이상**의 기간 동안 해외에 체류하고자 하는 경우
4. 이혼으로 인하여 입주자로 선정된 지위 또는 주택을 배우자에게 이전하는 경우
5. 공익사업시행으로 주거용 건축물을 제공한 자가 시행자로부터 **이주용주택을 공급**받은 경우로서 시장·군수 또는 구청장이 확인하는 경우
6. 국가·지방자치단체에 대한 채무를 이행하지 못하여 경매·공매가 시행되는 경우
7. 입주자로 선정된 지위 또는 주택의 일부를 그 **배우자에게 증여**하는 경우
8. 실직·파산 또는 신용불량으로 **경제적 어려움이 발생한 경우**

03. **부기등기** : 사업주체가 전매행위가 제한되는 분양가상한제 적용주택을 공급하는 경우 그 주택의 소유권을 제3자에게 이전할 수 없음을 소유권에 관한 등기에 부기등기하여야 한다.

04. **환매** : 전매행위 제한을 위반하여 주택의 입주자로 선정된 지위의 전매가 이루어진 경우 사업주체가 매입비용[전매대금 ×]을 매수인에게 지급한 경우에는 해당 입주자로 선정된 지위를 취득한 것으로 본다.

05. 전매행위 제한을 위반한 자에 대하여 10년 이내의 범위에서 주택의 입주자 자격을 제한할 수 있다.

02. 전매행위예외 인정

전매제한 특례 : 사업주체의 동의 받아 전매할 수 있다. ⇨ 다만, 주택을 공급받은 자가 전매하는 경우에는 한국토지주택공사가 그 주택을 우선 매입할 수 있다.

1. 세대원이 근무 또는 생업상의 사정·질병치료·취학·결혼으로 인하여 **세대원** ☐이 다른 광역시·특별자치시·특별자치도·시 또는 군[광역시 군 제외]으로 이전하는 경우. 다만, ☐ **안에서 이전하는 경우를** 제외한다.
2. **상속으로 취득한 주택으로 세대원** ☐이 이전하는 경우
3. **세대원** ☐이 해외로 **이주하거나** ☐**년 이상**의 기간 동안 해외에 체류하고자 하는 경우
4. ☐으로 인하여 입주자로 선정된 지위 또는 주택을 배우자에게 이전하는 경우
5. 공익사업시행으로 주거용 건축물을 제공한 자가 시행자로부터 **이주용주택을 공급**받은 경우로서 시장·군수 또는 구청장이 확인하는 경우
6. 국가·지방자치단체에 대한 채무를 이행하지 못하여 경매·공매가 시행되는 경우
7. 입주자로 선정된 지위 또는 주택의 ☐를 그 **배우자에게 증여**하는 경우
8. 실직·파산 또는 신용불량으로 **경제적 어려움이 발생한 경우**

03. **부기등기** : 사업주체가 전매행위가 제한되는 분양가상한제 적용주택을 공급하는 경우 그 주택의 소유권을 제3자에게 이전할 수 없음을 소유권에 관한 등기에 ☐하여야 한다.

04. **환매** : 전매행위 제한을 위반하여 주택의 입주자로 선정된 지위의 전매가 이루어진 경우 사업주체가 ☐[전매대금 ×]을 매수인에게 지급한 경우에는 해당 입주자로 선정된 지위를 취득한 것으로 본다.

05. 전매행위 제한을 위반한 자에 대하여 ☐년 이내의 범위에서 주택의 입주자 자격을 제한할 수 있다.

THEMA 13 건축법 용어정의

01. ☐☐☐☐ : 층 평균높이의 1/2 이상이 지표면 아래

02. 주요구조부 : ☐력벽, ☐둥, ☐닥, ☐, ☐붕틀, ☐계단 [수식어 없다.]

03. 고층건축물[3고] : ☐층 이상 또는 ☐☐☐m 이상
고초층건축물[5고] : ☐층 이상 또는 ☐☐☐m 이상

04. 건축법의 적용제외대상 건축물

  1. ☐☐☐ · ☐☐☐ 또는 천연기념물등이나 임시지정천연기념물, 임시지정명승, 임시지정시 · 도자연유산

  2. 철도 또는 궤도의 선로부지에 있는 다음 시설
    ① 운전☐☐시설, ② 철로선로의 위나 아래를 가로지르는 ☐시설,
    ③ ☐☐, ④ ☐☐ · 급탄 및 급유시설

  3. 고속도로 ☐☐☐☐☐

  4. 컨테이너를 이용한 간이☐[공장의 용도로서 이동이 쉬운 것]

  5. 하천법에 따른 하천구역 내의 ☐☐☐

05. 건 축

  ① ☐☐ : 나대지 + 새로이 축조, 부속건축물 + 주된 건축물을 축조하는 것

  ② ☐☐ : 기존건축물 + 동일대지 ⇨ 면적 · 층수 · 높이를 증가

  ③ ☐☐ : 기존건축물을 해체하고 종전과 같은 규모 이내

  ④ ☐☐ : 재해멸실 + 연면적이 종전 규모 이하이고, 동 · 층수 · 높이가 종전 규모 이하 또는 동 · 층수 · 높이 중 어느 하나가 종전 규모를 초과하는 경우

  ⑤ ☐☐ : 주요구조부를 해체 × ⇨ 같은 대지, 다른 위치

06. 대수선 : 증축 · 개축 · 재축에 해당하지 아니하는 것

  ☐력벽을 증설 또는 해체하거나, 30m² 이상 수선 또는 변경하는 것
  ☐둥을 증설 또는 해체하거나, 3개 이상 수선 또는 변경하는 것
  방화벽 · 방화구획을 위한 ☐닥이나 벽을 증설 · 해체, 수선 또는 변경하는 것
  ☐를 증설 또는 해체하거나, 3개 이상 수선 또는 변경하는 것
  ☐붕틀을 증설 또는 해체하거나, 3개 이상 수선 또는 변경하는 것
  ☐계단, 피난계단, 특별피난계단을 증설 · 해체하거나 수선 · 변경하는 것
  ☐☐주택의 가구 간, ☐☐주택 세대 간 경계벽을 증설 · 해체, 수선 · 변경
  건축물의 외벽에 사용하는 ☐를 증설 · 해체, 벽면적 30m² 이상 수선 · 변경

THEMA 14 건축물의 용도변경

01. 용도변경[자산전문 영업교육 근주기] ⇨ 특별자치시장 · 특별자치도지사 · 시장 · 군수 · 구청장[특별시장 ×, 광역시장 ×]

  1. ☐동차관련시설군 : 자동차관련시설
  2. ☐업등시설군 : 공장, 창고, 더럽게 위험하고 무서워
  3. ☐기통신시설군 : [방전] 방송통신시설, 발전시설
  4. ☐화 및 집회 : 종교시설에 모여서 위락시설로 관광
  5. ☐시설군 : 운동시설 판매하고 다 잔다.
  6. ☐ 및 복지시설군 : 노의교수야
  7. ☐린생활시설군 : 제1종 근생, 제2종 근생
  8. ☐거업무시설군 : 단독, 공동, 업무, 교정시설, 국방 · 군사시설
  9. ☐ 밖에 시설군[기타] : 동물 및 식물관련시설

허가	신고	건축사설계	사용승인	변경신청
⇧	⇩	⇧ 500m² 이상	⇧⇩ 100m² 이상	⇦ ⇨

02. ☐☐☐☐☐[5자] : 허가대상 ⇨ 바닥면적 합계가 500m² 이상[신고 ×]

03. ☐☐☐☐☐[100사] : 허가나 신고대상 ⇨ 바닥면적 합계가 100m² 이상, 용도 변경하려는 부분의 바닥면적의 합계가 ☐☐☐☐☐m² 미만으로서 대수선에 해당되는 공사를 수반하지 아니하는 경우에는 사용승인 규정을 적용하지 아니한다.

04. 같은 시설군 내에서 용도를 변경하려는 자는 건축물대장 ☐☐☐☐의 ☐을 ☐하여야 한다. 다만, 같은 호에 속하는 건축물 상호 간의 용도변경[다중주택을 다가구주택으로 변경, 다세대주택을 연립주택으로 변경]과 원칙적으로 제1종 근린생활시설과 제2종 근린생활시설 상호간의 용도변경은 건축물대장 기재내용 변경신청을 하지 ☐☐☐☐.

THEMA 15 건축허가 등

01. **사전결정신청** : [　　　　]에게 신청 ⇨ 통지받은 날부터 [　]년 이내에 건축 허가 신청하지 아니하면 ⇨ 사전결정의 효력이 상실된다. ⇨ 통지하면 산지 전용허가[도시지역에 한함], 농지전용허가, 하천점용허가, 개발행위허가 의제

02. **허가권자**[도지사 ×, 국토교통부장관 ×]
　① **원칙** : 특별자치시장 · 특별자치도지사 · 시장 · 군수 · [　　　　]
　② **예외** : 특별시장 또는 광역시장은 21층 이상 또는 연면적 합계가 10만m^2 이상[3/10 이상의 증축] ⇨ [　　], [　　], [　　]는 제외 [　　　　의 허가]

03. **도지사 사전승인** ⇨ [　　], [　　], [　　]는 도지사의 **사전승인**을 받지 아니한다.
　① 21층 이상, 10만m^2 이상인 건축물[3/10 이상 증축]
　② 자연환경 · 수질보호 ⇨ [　]**층 이상 또는 연면적의 합계** [　]**천m² 이상** ⇨ 위락 및 숙박시설, 공동주택, 일반업무시설, 일반음식점[2층 ×, 900m^2 ×]
　③ [　]육환경 · [　]거환경 ⇨ [　]락시설 및 [　]박시설

04. **허가거부** ⇨ [　]육환경 또는 [　]거환경 ⇨ [　]락시설이나 [　]박시설 ⇨ 건축 위원회의 **심의**를 거쳐 허가를 하지 아니할 수 있다.

05. **건축허가 필수적 취소** : [　]**년**[공장 = 3년] 이내에 공사에 미착수 ⇨ 공사완료가 [　　　　] ⇨ 착공신고 전에 **경매 또는 공매** 등으로 대지의 **소유권을 상실** ⇨ [　]**개월이 지난** 이후 착수가 불가능 ⇨ 취소하여야 한다.

06. **건축허가 또는 착공의 제한**
　① **국토교통부장관 제한** : [　　　　　]를 위하여 필요하거나 주무부 [　　]이 요청하는 경우 ⇨ 건축허가나 착공을 제한할 수 있다.
　② **특별시장 · 광역시장 · 도지사의 제한** : 지역계획, 도시 · 군계획상 필요 ⇨ 시장 · 군수 · 구청장의 건축허가나 착공을 제한 ⇨ [　　][지체 없이 ×] 국장에게 [　　][승인 ×] ⇨ 국장은 제한의 내용이 지나치다고 인정하는 경우에는 해제를 [　][권고 ×]할 수 있다.
　③ **제한기간** : [　]**년 이내**로 하며, [　]**회 한하여** [　]**년 이내 연장**할 수 있다.

07. **안전관리예치금** : 허가권자는 연면적이 [　]천m^2 이상으로서 조례로 정하는 건축물에 대하여는 착공신고를 하는 건축주에게 미리 미관개선 및 안전관리에 필요한 비용을 건축공사비의 [　]%의 범위에서 예치하게 할 수 있다.

08. **건축물의 안전영향평가 대상**[주요건축물]

　　1. [　　　　　　]
　　2. 다음의 요건을 모두 충족하는 건축물
　　　① 연면적(하나의 대지에 둘 이상의 건축물을 건축하는 경우에는 각각의 건축물의 연면적을 말한다)이 [　　　　] 제곱미터 이상일 것
　　　② [　　　　] 이상일 것

09. **신고대상** ⇨ 신고일부터 [　]년 이내 미착수 ⇨ 신고의 효력이 없어진다.
　① 바닥면적의 합계가 [　　　]m^2 **이내**인 증축 · 개축 · 재축
　② 연면적의 합계가 100m^2 **이하**인 건축물
　③ 관리, 농림지역, 자연환경보전지역에서 200m^2 **미만이고 3층 미만**인 건축물
　④ 대수선 중 주요구조부[내기바보지주]의 **수선** ⇨ 규모불문
　⑤ 나머지 대수선 ⇨ [연면적 [　　　]m^2 미만이고 [　]층 미만인 건축물]
　⑥ 건축물의 높이를 [　]m 이하의 증축, 2층 이하로서 연면적 합계 500m^2 이하인 공장, **창고**[200m^2 이하], **축사 · 작물재배사**, 종묘배양시설, 온실 [400m^2 이하]

10. **신고수리 여부 통지** : 건축[가설건축물 포함]신고를 받은 날부터 [　]일 이내에 신고수리 여부를 통지하여야 한다.

11. **착공신고 수리 여부 통지**[착공계] : 허가권자는 착공신고를 받은 날부터 [　]일 이내에 신고수리 여부를 신고인에게 통지하여야 한다. ⇨ [　]일 이내에 신고수리 여부 또는 처리기간의 연장 여부를 신고인에게 통지하지 아니하면 그 기간이 끝난 날의 [　　　　]에 신고를 수리한 것으로 본다.

12. 허가대상 가설건축물의 존치기간은 [　]년 이내일 것
　신고대상 가설건축물의 존치기간은 [　]년 이내일 것, 다만, 존치기간의 연장이 필요한 경우에는 횟수별 3년의 범위에서 연장할 수 있다.

13. 임시사용승인의 기간은 [　]년 이내로 한다[연장할 수 있다].

THEMA 16 대지와 도로

01. 조경대상 제외: 녹지지역, 면적 5천m² 미만인 대지에 건축하는 [　], 연면적의 합계가 1천500m² 미만인 [　], 산업단지의 [　], 축사, 가설건축물, 연면적 1,500m² 미만인 물류시설[[　], [　]지역은 조경한다], 관리·농림·자연환경보전지역[[　　　　　　]은 조경한다]은 조경을 하지 아니한다.

02. 공개공지: 전용주거지역[×], 일반공업지역[×], 농수산물유통시설[×]

　① **대상**: [　]반주거지역, [　]주거지역, [　]업지역, [　]공업지역

　② **설치기준**: 대지면적의 [　]% 이내, 조경면적, 필로티구조 가능

　③ **건축법** ⇨ 건폐율과 용적률 및 높이기준 완화

　　시행령 ⇨ 용적률, 높이기준 [　]배 완화[건폐율은 1.2배 완화 ×]

03. 도로의 개념: [　][필수개념 요소] 및 차량통행이 가능한 너비 4m 이상으로서 국토의 계획 및 이용에 관한 법률·도로법·사도법, [　]한 도로나 [　]도로[계획상 도로] ⇨ 차량통행이 불가능[3m 이상]해도 도로이다.

04. 도로의 [　]: 이해관계자 동의를 받아야 한다. 단, 동의를 받지 아니하고 건축위원회 심의[지역 주민이 오랫 동안 통행로로 이용하고 있는 사실상 통로로서 조례로 정한 것, 해외 거주하는 등 동의 받기 곤란]를 거쳐 [　]할 수 있다.

05. 도로의 폐지 및 변경: [　　　] 이해관계자 동의를 받아야 한다.

06. 대지와 도로와의 관계: [　]m 이상 접해야 한다. ⇨ 예외: 출입에 지장이 없다고 인정되는 경우, 건축물의 주변에 광장, 공원, 유원지가 있는 경우, 농막을 건축하는 경우 [　]m 이상 접하지 않아도 된다.

　[　]천m²[공장 = [　]천m²] 이상 ⇨ 너비 [　]m 이상인 도로에 [　]m 이상 접해야 한다. [축사, 작물재배사 제외]

07. 건축선: 대지와 도로의 경계선으로 한다.

　① [　　] 및 [　　]은 건축선의 수직면을 넘어서는 아니 된다. [지표 아래 부분은 그러하지 아니하다. = 즉, 넘어도 된다.]

　② 도로면으로부터 높이 [　]m 이하의 출입구·창문 등 유사한 구조물은 열고 닫을 때 건축선의 수직면을 넘지 아니하는 구조로 하여야 한다.

THEMA 17 면적과 층수

01. [　　　　　]: 건축물의 외벽 또는 외곽기둥의 중심선으로 둘러싸인 부분의 수평투영면적으로 한다.

02. [　　　　　]: 건축물의 **각 층** 또는 그 일부로서 벽·기둥의 중심선으로 둘러싸인 부분의 [　　　　　]으로 한다.

　① 벽·기둥의 구획이 없는 건축물 ⇨ [　]m **후퇴**한 선으로 둘러싸인 수평투영면적으로 한다.

　② 노대 등이 접한 가장 긴 외벽 길이에 [　　]m를 곱한 값을 뺀 면적을 산입

　③ [　　　] ⇨ 공중통행, 차량의 통행, 주차전용에 이용, 공동주택 ⇨ 바닥면적 산정에서 **제외한다.**

　④ **설비제외**: 승강기탑, 계단탑, 장식탑, 다락[층고가 [　　]미터[경사지붕: [　　]m], 냉각탑, 정화조, 기계실, 전기실, 어린이놀이터, 조경시설 제외

　⑤ **덧 댄것 제외**: [　　], [　　]는 제외한다.

　⑥ 매장[　　] 보호 및 전시에 전용되는 부분, 지하주차장의 경사로(지상층에서 지하 1층으로 내려가는 부분으로 한정)는 바닥면적에 산입하지 [　　].

03. 연면적: 하나의 건축물의 각층의 바닥면적[지하층 면적 포함]의 합계 단, **용적률 산정시의 연면적**에는 [　　　　], **지상층의** [　　　　][부속용도], [　　　　], [　　　　]의 면적을 제외한다.

04. 층수: 지하층은 건축물의 층수에 제외한다.

　① 부분에 따라 층수 달리 ⇨ [　] [　] **층수**로 한다.

　② 층의 구분이 명확하지 아니한 건축물은 [　]m마다 **하나의 층으로 산정한다.**

05. 건축물의 건폐율[건대]과 용적률[연대]

　① **건폐율**: 대지면적에 대한 건축면적의 비율

　② **용적률**: 대지면적에 대한 연면적의 비율

　③ **건폐율과 용적률의 최대한도**는 국토의 계획 및 이용에 관한 법률에 따른다. 다만, 건축법에서 기준을 [　　] 또는 [　　] 할 수 있다.

06. 대지분할제한: 주거지역: [　　　]m² ⇨ 상업지역: [　　　]m²

　⇨ 공업지역: [　　　]m² ⇨ 녹지지역: [　　　]m²

　⇨ 기타지역: [　　　]m² 미만으로 분할을 금지한다.

THEMA 18 높이와 일조권 제한

01. 가로구역 : 도로로 둘러싸인 일단의 지역

① 허가권자는 가로구역 단위의 건축물 높이를 지정·공고할 수 있다.

② 특별자치시장·특별자치도지사·시장·군수·구청장은 가로구역의 높이를 완화하여 적용할 필요가 있다고 판단되는 대지에 대하여는 대통령령으로 정하는 바에 따라 건축위원회의 [   ]를 거쳐 높이를 완화하여 적용할 수 있다.

③ 특별시장·광역시장은 도시의 관리를 위하여 필요하면 가로구역별 건축물의 높이를 특별시나 광역시의 [   ]로 정할 수 있다.

④ 허가권자는 같은 가로구역에서 건축물의 용도 및 형태에 따라 건축물의 높이를 [   ] 정할 수 있다.

⑤ 허가권자는 일조·통풍 등 주변 환경 및 도시미관에 미치는 영향이 크지 않다고 인정하는 경우에는 건축위원회의 심의를 거쳐 이 법 및 다른 법률에 따른 가로구역의 높이 완화에 관한 규정을 [   ]하여 적용할 수 있다.

02. [   ]**주거지역 또는** [   ]**주거지역의 일조권 제한**

① **원칙** : 정북방향 ⇨ 띄어 건축하여야 한다.

> 1. 높이 10m 이하인 부분 : 인접대지 경계선으로부터 1.5m 이상
> 2. 높이 10m 초과한 부분 : 인접대지 경계선으로부터 해당 건축물의 각 부분의 높이의 1/2 이상

② **예외** : 정남방향[정북방향으로 도로, 공원, 하천 등 건축이 금지된 공지에 접한 대지] ⇨ 띄어 건축할 수 있다.

03. [   ]**층 이하로서 높이가** [   ]**m 이하인 건축물** : 조례가 정하는 바에 따라 일조 등의 확보를 위한 높이제한 규정을 적용하지 아니할 수 있다.

04. [   ]**상업지역과** [   ]**상업지역의 공동주택** : 채광 등의 확보를 위한 제한을 적용하지 아니한다.

THEMA 19 특별건축구역 및 이행강제금

01. 특별건축구역 지정권자 : 국토교통부장관 또는 시·도지사[30일 이내 심의]가 지정 ○ [[ ]년 이내 착수] ⇨ 개발제한구역, 자연공원, 접도구역, 보전산지는 특별건축구역으로 지정할 수 [   ]. ⇨ 특별건축구역을 지정하고자 하는 지역이 지정하려는 지역이 군사기지 및 군사시설보호구역 ⇨ 미리 [   ]과 협의하여야 한다. ⇨ 시·도지사에게 제안시 : [ ]/[ ] 이상 서면 동의

02. 적용배제 : 대지의 [   ], [   ], 건축물의 [   ], [   ], [   ]제한, 일조 등의 확보를 위한 [   ]제한을 특별건축구역에 적용하지 아니할 수 있다.

03. 통합적용 : [   ], 부설[   ], [   ] 설치는 특별건축구역에서 통합하여 설치할 수 있다.

04. 이행강제금(= 집행벌 = 계속반복부과 = 간접강제)

$1m^2$ 당 시가표준액의 50% 해당 금액 × 위반 면적 × 대통령령으로 정하는 비율 ⇨ [ ]허가[100%], 무[ ]고[70%], [ ]적률 초과[90%], [ ]폐율 초과[80%]

05. 영리목적이나 상습적 위반 ⇨ [   ]% 범위에서 가중하여야 한다. ⇨ 시정명령을 이행하는 경우에는 새로운 이행강제금의 부과를 즉시 중지하되, 이미 부과된 이행강제금은 [   ]하여야 한다.

06. 반복징수 : 1년에 [ ]회 이내 부과, [   ]m^2 이하의 주거용 건축물 ⇨ 부과금액의 1/2의 범위에서 감액 ⇨ **이행강제금과 벌금을** [   ]할 수 있다.

07. 토지 또는 건축물의 소유자, 지상권자 등 대통령령으로 정하는 자(이하 "소유자등"이라 한다)는 [   ]의 합의로 지구단위계획구역에서 건축물의 건축·대수선 또는 리모델링에 관한 협정(건축협정)을 체결할 수 있다.

08. 협정체결자 또는 건축협정운영회의 대표자는 건축협정을 폐지하려는 경우에는 협정체결자 [   ] 동의를 받아 국토교통부령으로 정하는 바에 따라 건축협정인가권자의 인가를 받아야 한다. ⇨ 인가를 받은 건축협정구역에서는 건폐율, 대지의 조경, 지하층의 설치, 부설주차장, 개인하수처리시설의 설치[용적률×, 계단의 설치×, 우편물 수취함×]을 개별 건축물마다 적용하지 아니하고 전부 또는 일부를 대상으로 [   ]하여 적용할 수 있다.

주택법 용어정의

01. **주택** : 세대의 구성원이 장기간 독립된 주거생활을 영위할 수 있는 구조로 된 건축물, 그 부속토지를 [   ]한다.

02. **주택건설자금에 따른 분류**

① **국민주택규모의 주택** : 주거전용면적이 1호당 또는 1세대당 [   ]m² 이하 [수도권을 제외한 도시지역이 아닌 **읍·면 지역은** [   ]m² 이하]

② **민영주택** : [   ]을 제외한 주택을 말한다.

03. **세[3]대[안]구분형 공동주택** : 구분된 공간 일부에 대하여 구분소유를 할 수 [   ] 주택[1 세대]을 말한다.

① 사업계획승인을 받은 공동주택 전체 세대수의 [ ]분의 [ ] 넘지 않을 것, 주택단지 전체 주거전용면적 합계의 [ ]분의 [ ]을 넘지 않을 것

② **공동주택관리법에 따른 행위의 허가를 받거나 신고를 하고 설치하는 공동주택의 경우** : 주택단지 안의 공동주택 전체 세대수의 [ ]분의 [ ]과 해당 동의 전체 세대수의 [ ]분의 [ ]을 각각 넘지 않을 것

04. **도시형 생활주택** : 도시지역에 건설하는 [   ]세대 미만의 국민주택규모 [85m² 이하]에 해당하는 주택 ⇨ 분양가 상한제 적용[ ], 아파트[ ]

① **단지형 연립주택** : 소형주택을 제외한 주택. 다만, 심의를 받은 경우 ⇨ [ ]개층까지 건축할 수 있다.

② **단지형 다세대주택** : 소형주택을 제외한 주택. 다만, 심의를 받은 경우 ⇨ [ ]개층까지 건축할 수 있다.

③ **소형 주택** : 욕실, 부엌을 설치할 것, 지하층에 세대를 설치하지 아니할 것
   ㉠ 주거전용면적은 [   ]m² **이하일** 것
   ㉡ 개정삭제
   ㉢ 개정삭제

05. **준주택** : ☐피스텔, ☐인복지주택, ☐중생활시설, ☐숙사

06. [   ] : [딸린 시설] ⇨ 담장·주택단지 안의 도로·주차장·관리사무소, 건축설비[우편함·승강기·공동시청 안테나·국기게양대·피뢰침]를 말한다.

07. [   ] [주의] 할아버지와 손자 ⇨ 어린이놀이터·근생·유치원·주민운동시설·경로당을 말한다.

08. [   ] [주의] 도로 + 불 3번 질러[연결시설] ⇨ 도로·전기·가스·통신·지역난방시설 및 상하수도 등 주택단지 안의 기간시설을 주택단지 밖의 기간시설에 연결시키는 시설을 말한다.

09. [   ] : **공공사업[공적주체]에 따라 개발·조성되는 공동주택건설용지** ⇨ 도시개발사업[수용·사용방식과 혼용방식 중 수용·사용방식] ⇨ 사적주체[ ] ⇨ 단독주택[ ] ⇨ 환지방식[ ] ⇨ 조합이 시행하는 정비사업[ ]

10. **리모델링** : 증축[사용검사일부터 15년], 대수선[사용검사일부터 10년] 증축 ⇨ [   ]% 이내 ⇨ 85 미만[40% 이내] ⇨ 공용부분도 증축가능, 세대수 증가형[15%] ⇨ 수직증축형[3개층(15층 이상)] ⇨ [   ]층 이하 ⇨ ☐개층 이하

11. **공구** : 하나의 주택단지에서 **둘 이상으로 구분**, 착공신고 및 사용검사를 별도로 수행/ 경계 ⇨ [   ]m 이상 폭/공구별 세대수 ⇨ [   ]세대 이상 / **전체 세대수** ⇨ [   ]세대 이상

12. **주택단지** : 철도·고속도로·자동차전용도로, 폭 [   ]m 이상 **일반도로**, 폭 [   ]m 이상인 도시·군계획예정도로로 분리된 토지 ⇨ 각각 별개 주택단지로 본다.

13. 토지임대부 분양주택의 토지에 대한 임대차기간은 [   ]년 이내로 한다.

14. 토지임대부 분양주택의 토지에 대한 임대차기간을 갱신하기 위해서는 토지임대부 분양주택 소유자의 [   ]% 이상이 계약갱신을 청구하여야 한다.

15. 토지임대료는 [   ] 임대료를 원칙으로 하되, 토지소유자와 주택을 공급받은 자가 합의한 경우에는 임대료를 보증금으로 전환하여 납부할 수 있다.

THEMA 21 등록사업자

01. **등록 사업주체** : 연간 [　]호, [　]세대 [도시형 생활주택은 30세대] 이상의 주택건설사업 또는 연간 [　]만m² 이상 대지조성사업을 시행하려는 자는 국토교통부장관에게 등록하여야 한다.

02. **비등록사업주체** : 국가·지방자치단체, 한국토지주택공사(LH 공사), 지방공사, 공익법인, **주택조합[등록사업자와 [　]으로 건설사업], 고용자[등록사업자와 [　]으로 건설사업]** 는 등록하지 [　　　].

03. 고용자가 그 근로자의 주택을 건설하는 경우에는 대통령령으로 정하는 바에 따라 등록사업자와 공동으로 사업을 [　　　　]. 이 경우 고용자와 등록사업자를 공동사업주체로 [　　].

04. 설립된 주택조합(세대수를 증가하지 아니하는 리모델링주택조합을 제외)이 그 구성원의 주택을 건설하는 경우에는 등록사업자(지방자치단체·한국토지주택공사 및 지방공사를 포함한다)와 공동으로 사업을 시행[　　　　].

05. 등록기준에 미달 등에 해당하면 그 등록을 말소하거나 1년 이내의 기간을 정하여 영업의 정지를 명할 수 있다. 다만, [　　] 그 밖의 부정한 방법으로 등록한 때는 말소하여야 한다. 등록증을 [　　]한 때는 말소하여야 한다.

06. **국가·지자체·LH공사·지방공사** : 보증[ ] ⇨ 등록[ ] ⇨ 입주자모집 공고 승인신청[ ] ⇨ 부기등기[ ] ⇨ 주택건설 대지 소유권확보[ ] ⇨ 수용 사용 가능 [ ][국민주택 건설시] ⇨ 타인토지 출입 등 가능[ ] ⇨ 리모델링 감리자 지정[ ] ⇨ **국가·LH공사도** 사업계획승인 받아[국토교통부장관의 승인[ ]] ⇨ **국가·LH공사** 사용검사 받아[국토교통부장관의 검사[ ]]

THEMA 22 주택조합

01. 주택조합[리모델링주택조합은 제외]은 주택조합 설립인가를 받는 날부터 사용검사 받는 날까지 주택건설예정세대수[임대주택 세대수는 제외]의 [　　]% 이상 조합원으로 구성할 것, 조합원은 [　　]**명** 이상일 것

02. **지역주택조합원** : 무주택자 또는 [　　]m² **이하의** 주택 한 채 소유한 세대주인 자로서 [　]**개월 이상 거주 / 직장주택조합 자격** : 인가 ⇨ **무주택자** 또는 [　　]m² 이하의 주택 한 채 소유한 세대주인 자

03. **국민주택**을 **공급**받기 위하여 **직장주택조합**을 설립 ⇨ 시장·군수·구청장의 [　　　][인가 ×] ⇨ [　　　　]에 한한다.

04. **지역주택조합이나 직장주택조합** : 설립인가를 받은 날부터 [　]년 이내에 사업계획승인을 신청하여야 한다.

05. 주택조합[리모델링주택조합[= **건설** ×] 제외]은 구성원을 위하여 [　　]하는 주택을 조합원에게 우선 공급할 수 있다.

06. 지역주택조합 또는 직장주택조합의 설립인가를 받기 위하여 조합원을 모집하려는 자는 **50% 이상 토지 사용권원을 확보하고,** 관할 시장·군수·구청장에게 [　　]하고, [　　　　]**의 방법**으로 조합원을 모집하여야 한다. ⇨ 공개모집 이후 조합원의 사망·자격상실·탈퇴 등으로 인한 결원을 **충원**하거나 미달된 조합원을 **재모집**하는 경우에는 [　　　]**하지 아니하고** [　　　]의 방법으로 조합원을 모집할 수 있다.

07. 주택조합과 등록사업자가 공동으로 사업을 시행·시공할 경우 등록사업자는 자신의 귀책사유로 사업추진이 지연 ⇨ 조합원에게 [　　　　]하여야 한다.

08. 리모델링주택조합인가 ⇨ **동을 리모델링** : [　]/[　] **이상** 결의[허가는 75% 이상] ⇨ **주택단지 전체 리모델링 : 주택단지 전체 구분소유자 및 의결권의 각** [　]/[　] **이상** 결의와 **각 동** [　　　] **결의**[허가는 전체 75% 이상과 각 동별 50% 이상]

09. 리모델링허가를 신청하기 위한 동의율을 확보한 경우 리모델링결의를 한 리모델링주택조합은 리모델링결의에 찬성하지 아니하는 자의 주택 및 토지를 [　　　　]할 수 있다.

10. 소유자전원 동의를 받은 **입주자대표회의**는 시장·군수·구청장에게 [ ][신고 ×]받고 리모델링할 수 있다.

11. 리모델링주택조합이 시공자를 선정하는 경우 [   ][수의계약 ×]방법으로 하여야 한다.

12. 조합원으로 추가 모집되는 자와 충원되는 자 ⇨ 자격요건 충족 여부 판단 ⇨ **주택조합**[   ]을 기준 ⇨ [   ]은 자격요건이 필요없다.

13. 시장·군수·구청장은 주택조합 또는 조합구성원이 **명령이나 처분**을 [   ], [   ]으로 설립인가 받은 경우에는 주택조합 설립인가를 **취소할 수 있다.**

14. **주택조합의 발기인 또는 임원의 결격사유**[선고유예]에 해당하게 되는 경우 해당 발기인은 지위를 상실하고 해당 임원은 [   ]되며, 퇴직 전에 관여한 행위는 효력을 상실하지 아니한다. [임원, 직원, 발기인 겸직금지]

15. 주택조합은 주택조합의 **설립인가를 받은 날부터** [ ]년이 되는 날까지 사업계획 **승인을 받지 못하는 경우** 대통령령으로 정하는 바에 따라 총회의 의결을 거쳐 **해산 여부를 결정하여야** 한다.

16. 주택조합의 발기인은 **조합원 모집 신고가 수리된 날부터** [ ]년이 되는 날까지 **주택조합 설립인가를 받지 못하는 경우** 주택조합 가입 신청자 전원으로 구성되는 총회 의결을 거쳐 주택조합 사업의 **종결 여부를 결정**하도록 하여야 한다.

17. 모집주체는 주택조합 가입계약서의 내용을 주택조합 가입 신청자가 이해할 수 있도록 설명하여야 하고, 설명한 내용을 주택조합 가입 신청자가 이해하였음을 서면으로 확인을 받아 교부하여야 하며, 사본을 [ ]년간 보관하여야 한다.

18. 주택조합의 가입을 신청한 자는 가입비등을 예치한 날부터 [   ]일 이내에 주택조합 가입에 관한 청약을 철회할 수 있다. ⇨ 청약 철회를 서면으로 하는 경우에는 청약 철회의 의사를 표시한 서면을 [   ]한 날에 그 효력이 발생한다.

19. 모집주체는 주택조합의 가입을 신청한 자가 청약 철회를 한 경우 청약 철회 의사가 도달한 날부터 [ ]일 이내에 예치기관의 장에게 가입비등의 반환을 요청하여야 한다. ⇨ 예치기관의 장은 가입비등의 반환 요청을 받은 경우 요청일부터 [ ]일 이내에 그 가입비등을 예치한 자에게 반환하여야 한다. ⇨ 모집주체는 주택조합의 가입을 신청한 자에게 청약 철회를 이유로 위약금 또는 손해배상을 청구할 수 [   ].

THEMA 23 **주택상환사채 등**

01. **주택상환사채 발행**: LH공사[보증 ×], [   ][보증 ○] ⇨ [   ]의 승인 / [조합은 발행×]

02. **발행방법**: 액면 또는 할인의 방법으로 [   ]**증권** ⇨ 양도하거나 중도에 해약할 수 [   ]. ⇨ [**세대원** [   ]]해외이주, 상속 등 부득이하면 양도 가능 ⇨ 주택상환사채 명의변경[성명과 주소를 사채원부에 기재하는 방법] ⇨ 대항력[성명을 **채권**에 기록]

03. **상환**: 발행일로부터 [ ]년 초과 금지

04. **효력**: 등록사업자의 등록말소 ⇨ 사채의 효력영향×

05. **적용법규**: [선]주택법 ⇨ [후]상법 중 **사채발행규정**

06. **발행 요건**: **등록사업자** ⇨ [법인]자본금 5억 이상 ⇨ **건설업등록한 자** ⇨ 3년간 연 평균 300세대 이상

07. **사업계획승인**: 단독[30↑] 공동[30↑] 대지[1만m² ↑]
   ① **사업계획승인권자**: 신청일부터 [   ]일 이내에 승인 여부 통보[20일 이내에 신고수리 여부를 신고인에게 통지하여야 한다.]
      ㉠ **원칙** ⇨ 10만m² 이상: 시·도지사, 대도시 시장[**구청장**[×]] ⇨ 10만m² 미만: 특별·광역·특자시장·특자도지사·시장·군수
      ㉡ **예외**: [   ][국가, 한국토지주택공사가 시행, 330만m² 이상의 규모로 택지개발사업 또는 도시개발사업, 수도권·광역시 지역의 긴급한 주택난 해소가 필요하거나 지역균형개발이 필요한 경우 등)]
   ② **사업계획승인** ㉠ **원칙**: 주택건설대지 소유권 확보
      ㉡ **예외**: 지구단위계획의 결정이 필요 ⇨ 80% 이상의 사용권원을 확보 ⇨ 나머지는 매도청구
   ③ **매도청구**: 대지[건축물 포함 = 규모불문]를 [   ]에 따라 매도청구[사전에 3개월 이상 협의]
      ㉠ **95% 이상**: [   ] 소유자에게 매도청구 가능
      ㉡ **80% 이상 95% 미만**: 지구단위계획구역의 결정고시일 [ ]년 전에 취득하여 보유한 자[알박기]를 제외하고 매도청구할 수 있다.

08. 공사착공과 사업계획승인 ⇨ 취소할 수 있다.

① 사업계획승인 받은 날부터 ☐년 이내 미착수 ⇨ 취소할 수 있다.

② 공구별 분할시행에 따라 사업계획승인시[연장 1년]

　ㄱ **최초 공구**: ☐년 이내 착수 ⇨ 미착수 ⇨ 취소할 수 있다.

　ㄴ **최초 공구 외의 공구**: 착공신고일부터 ☐년 이내 착수 ⇨ 미착수 ⇨ 취소할 수 ☐.

③ 경매·공매[보증×]로 소유권을 ☐ ⇨ 취소할 수 있다.

④ 부도·파산 등[보증×]으로 공사완료 ☐ ⇨ 취소할 수 있다.

09. 국공유지 우선 매각·임대: 국가·지자체는 국민주택규모의 주택을 ☐% 이상, 조합주택 건설 ⇨ 우선적으로 토지를 매각·임대할 수 있다. ⇨ ☐년 이내 미착수 ⇨ 환매하거나 임대계약을 취소할 수 있다.

10. 체비지 매각: 국민주택용지로 사용 ⇨ 도시개발사업시행자에게 체비지 매각 요구 ⇨ 체비지 총면적의 ☐% 범위에서 우선적으로 매각할 수 있다.

체비지 양도가격: 원칙 ⇨ ☐을 기준

예외: 임대주택 등을 건설시 ⇨ ☐를 기준

11. 사용검사권자: 시장·군수·구청장[국장 − 국가, LH공사] ⇨ 사용검사기간: 15일 이내 ⇨ 공구별로 사용검사가능, 사업계획승인 조건의 미이행 등 사유가 있는 경우에는 ☐로 사용검사를 받을 수 있다.

12. 임시사용승인: ① 대지조성사업 ⇨ ☐

② 주택건설사업 ⇨ ☐　　③ 공동주택 ⇨ ☐

13. 사용검사 후 매도청구 등

① **주택 소유자의 매도청구**: 주택(복리시설을 포함)의 소유자들은 주택단지 전체 대지에 속하는 일부의 토지에 대한 소유권이전등기 말소소송 등에 따라 사용검사(동별 사용검사)를 받은 이후에 해당 토지의 소유권을 회복한 자(실소유자)에게 해당 토지를 ☐로 매도할 것을 청구할 수 있다.

② **대표자**: 주택의 소유자들은 대표자(주택의 소유자 전체의 ☐ 이상의 동의)를 선정하여 매도청구에 관한 소송을 제기할 수 있다.

③ **판결의 효력**: 소유자 ☐에 대하여 효력이 있다.

④ **요건**: 토지의 면적이 주택단지 전체 대지 면적의 ☐% 미만이어야 한다.

⑤ **송달기간**: 토지 소유권을 회복한 날부터 ☐년 이내에 해당 실소유자에게 송달되어야 한다.

THEMA

24　분양가상한제

01. 분양가상한제 적용제외: 적용하지 아니한다.

> 1. ☐의 공동주택 ⇨ 층수가 ☐층 이상이거나 높이가 ☐m 이상
> 2. 경제자유구역에서 건설·공급하는 공동주택
> 3. ☐, 혁신지구재생사업에서 건설·공급하는 주택
> 4. 소규모주택정비사업, 도심 공공주택 복합사업에서 건설·공급하는 주택
> 5. 주거환경개선사업 및 ☐에서 건설·공급하는 주택

02. 분양가격 구성: ☐[땅 값] + ☐[집 값]로 구성한다.(토지임대부분양주택의 경우에는 ☐만 해당한다.)

03. 분양가격 공시: 공공택지[사업주체]와 공공택지 외의 택지[시장·군수·구청장] ⇨ 모두 ☐하여야 한다.

04. 분양가상한제 지정요건: ☐은 주택가격상승률이 물가상승률보다 현저히 높은 지역에서 주거정책심의위원회 심의를 거쳐 지정할 수 있다.

> 투기과열지구 중 다음에 해당하는 지역을 말한다.
> 1. 분양가상한제적용직전월부터 소급하여 12개월간의 아파트 분양가격 상승률이 물가상승률의 ☐배를 초과한 지역
> 2. 분양가상한제적용직전월부터 소급하여 3개월간의 주택매매거래량이 전년 동기 대비 ☐% 이상 증가한 지역
> 3. 분양가상한제적용직전월부터 소급하여 주택공급이 있었던 2개월 동안 해당 지역에서 공급되는 주택의 월평균 청약경쟁률이 모두 ☐대 1을 초과하였거나 해당 지역에서 공급되는 국민주택규모 주택의 월평균 청약경쟁률이 모두 ☐대 1을 초과한 지역

05. 심의: 해제 요청받은 날부터 ☐일 이내에 주거정책심의위원회의 심의를 거쳐 해제 여부를 결정·통보하여야 한다.

06. 위원회의 설치·운영: 시장·군수·구청장은 분양가격의 제한과 공시에 관한 사항을 심의하기 위하여 사업계획승인 신청이 있는 날부터 ☐일 이내에 분양가심사위[2]원회를 설치·운영하여야 한다.

07. 사업주체가 입주자를 모집하려는 경우: 시장·군수·구청장의 ☐ ⇨ 복리시설은 ☐ ⇨ 국가·지자체·LH공사·지방공사는 승인을 받지 ☐.

THEMA 25 공급질서 교란행위금지 등

01. 공급질서 교란행위금지: 주택을 공급 받을 수 있는 조합원 지위 ⇨ 주택상환사채[사채] ⇨ 입주자저축증서[통장] ⇨ 무허가건물확인서 ⇨ 건물철거예정증명서 ⇨ 건물철거확인서 ⇨ 이주대책대상자확인서에 해당하는 증서 또는 지위를 ⇨ ▢ · ▢[▢ · ▢] · ▢ · ▢행위는 **금지한다.** ⇨ ▢ · ▢은 가능하다. (~채권양도도 가능하다)

02. 위반 효과

① 주택공급신청 할 수 있는 지위의 무효, 체결된 공급계약을 _____.
　▶ 주택법의 취소는 모두 ~~취소할 수 있다. 다만, 주택공급질서교란행위시 계약은 취소하여야 한다.

② 환매: 주택가격산정금액 지급시 사업주체가 해당 주택을 취득한 것으로 본다.

③ 퇴거명령: 주택가격을 지급하거나 법원에 공탁한 경우에는 해당 주택에 입주한 자에 대하여 기간을 정하여 퇴거를 명할 수 있다.

④ 위반한 자에 대하여 ▢년 이내의 범위에서 주택의 입주자 자격을 제한할 수 있다.

⑤ 3년 이하 징역 또는 3,000만 원 이하의 벌금을 부과한다. 다만, 그 위반행위로 얻은 이익의 ▢에 해당하는 금액이 3,000만원을 초과하는 자는 그 이익의 ▢에 해당하는 금액 이하의 벌금에 처한다.

03. 저당권설정 등의 제한

① 사업주체는 _____ _____부터[**주택조합은 주택건설사업계획승인 신청일**] 소유권이전등기 신청할 수 있는 날[= 입주가능일] 이후 ▢일까지 기간 동안 입주예정자의 동의 없이 저당권설정 등의 행위를 금지한다.

② **부기등기 시기**: 대지는 입주자 모집공고 승인신청과 동시에, 주택은 _____와 동시에 하여야 한다.

③ **부기등기 후 처분**: _____[2년 이하 징역 / 2천 만원 이하 벌금]

THEMA 26 투기과열지구 및 전매제한의 예외

01. 투기과열지구

① **지정권자**: [_____] 또는 [_____]

② **투기과열지구의 지정요건**

> 1. 투기과열지구지정직전월부터 소급하여 주택공급이 있었던 ▢개월 동안 해당 지역에서 공급되는 주택의 월별평균 **청약경쟁률**이 모두 ▢대 1을 초과하였거나 **국민주택규모** 주택의 월별평균 청약경쟁률이 모두 ▢대 1을 초과한 곳
> 2. 다음의 어느 하나에 해당하여 주택공급이 위축될 우려가 있는 곳
>   ① 투기과열지구지정직전월의 주택분양실적이 전달보다 ▢% 이상 ▢한 곳
>   ② 사업계획승인 건수나 건축법에 따른 건축허가 건수(투기과열지구 지정직전월부터 소급하여 6개월간의 건수를 말한다)가 직전 연도보다 급격하게 ▢한 곳
> 3. 신도시 개발이나 주택의 전매행위 성행 등으로 투기 및 주거불안의 우려가 있는 곳으로서 다음의 어느 하나에 해당하는 곳
>   ① 해당 지역이 속하는 시·도별 주택보급률이 전국 평균 ▢인 경우
>   ② 해당 지역이 속하는 시·도별 자가주택비율이 전국 평균 ▢인 경우

③ **의견청취·협의**: **국토교통부장관**이 투기과열지구를 지정하거나 해제할 경우에는 **시·도지사의 의견**을 듣고 그 의견에 대한 검토의견을 회신하여야 하며, **시·도지사**가 투기과열지구를 지정하거나 해제할 경우에는 **국토교통부장관**과 ▢하여야 한다.

④ ▢마다 투기과열지구 지정의 유지 여부를 재검토하여야 한다.

⑤ 해제를 요청받은 국토교통부장관 또는 시·도지사는 요청받은 날부터 ▢일 이내에 **심의**를 거쳐 해제 여부를 결정하여 심의결과를 **통보**하여야 한다.

⑥ 투기과열지구에서 건설·공급되는 주택: 전매행위 제한기간은 해당 주택의 입주자로 선정된 날부터 [최초로 주택공급계약 체결이 가능한 날×]부터 수도권은 ▢년, 수도권 외의 지역은 ▢년으로 한다.

02. 전매행위예외 인정

전매제한 특례 : 사업주체의 동의 받아 전매할 수 있다. ⇨ 다만, 주택을 공급받은 자가 전매하는 경우에는 한국토지주택공사가 그 주택을 우선 매입할 수 있다.

---

1. 세대원이 근무 또는 생업상의 사정 · 질병치료 · 취학 · 결혼으로 인하여 **세대원** □이 다른 광역시 · 특별자치시 · 특별자치도 · 시 또는 군[광역시 군 제외]으로 이전하는 경우. 다만, □ **안에서 이전하는 경우를 제외한다.**

2. **상속**으로 취득한 주택으로 **세대원** □이 이전하는 경우

3. **세대원** □이 해외로 **이주**하거나 □**년 이상**의 기간 동안 해외에 체류하고자 하는 경우

4. □으로 인하여 입주자로 선정된 지위 또는 주택을 배우자에게 이전하는 경우

5. 공익사업시행으로 주거용 건축물을 제공한 자가 시행자로부터 **이주용주택을 공급**받은 경우로서 시장 · 군수 또는 구청장이 확인하는 경우

6. 국가 · 지방자치단체에 대한 채무를 이행하지 못하여 경매 · 공매가 시행되는 경우

7. 입주자로 선정된 지위 또는 주택의 □를 그 **배우자에게 증여**하는 경우

8. 실직 · 파산 또는 신용불량으로 **경제적 어려움이 발생한 경우**

---

03. **부기등기** : 사업주체가 전매행위가 제한되는 분양가상한제 적용주택을 공급하는 경우 그 주택의 소유권을 제3자에게 이전할 수 없음을 소유권에 관한 등기에 □하여야 한다.

04. **환매** : 전매행위 제한을 위반하여 주택의 입주자로 선정된 지위의 전매가 이루어진 경우 사업주체가 □[전매대금 ×]을 매수인에게 지급한 경우에는 해당 입주자로 선정된 지위를 취득한 것으로 본다.

05. 전매행위 제한을 위반한 자에 대하여 □년 이내의 범위에서 주택의 입주자 자격을 제한할 수 있다.

THEMA 27 도시개발법 개발계획 ▶ 6주차

☑ **도시개발사업** : 단지 또는 시가지를 조성하는 사업
01. **수립권자** : [지정권자](시·도지사, 대도시 시장, 국토교통부장관)
02. **수립시기** : ① 원칙 : [선] 개발계획, [후] 개발구역
　　　② 예외 : [선] 개발구역 지정 ⇨ [후] 개발계획[기습발표 ⇨ 투기차단]

> 1. [자연]녹지지역 [보전녹지지역[×] ⇨ 보전관리지역[○]]
> 2. [생산]녹지지역[개발구역 지정면적의 30% 이하]
> 3. 도시지역 [외]의 지역[관리지역, 농림지역, 자연환경보전지역]
> 4. 국토교통부장관이 [지역균형발전]을 위해 중앙행정기관의 장과 협의 지정
> 5. **주거·상업·공업지역** 면적이 ⇨ 전체 면적의 [30]% 이하 [50% 이하 ×]
> 6. 개발계획 [공모]시

03. **동의[환지방식]** : 면적 [2]/[3] 이상 + 총수 [1]/[2] 이상[**국가, 지방자치단체**는 동의 받지 [아니한다].]
04. **동의자 수의 산정방법**

> 1. 토지 면적을 산정하는 경우 : **국공유지를** [포함]
> 2. 공유의 경우 : 대표**공유자 1명**만을 토지 소유자. 다만, 구분소유자는 [각각]을 1명으로 본다.
> 3. [철회]한 자 : 동의자 수에서 **제외**할 것
> 4. 어떠한 기준 시점 이후 토지소유자 변경[증가]된 경우 : **기존[이전] 토지소유자 동의서를 기준**
> 5. **동의 순서** : **사유토지** ⇨ **국공유지 관리청 동의**
> 6. **1인이 둘 이상 필지의 토지를 단독으로 소유** : 필지의 수에 관계없이 1인

05. **개발계획 내용** : **지구단위계획 ×**
개발구역 지정한 후에 개발계획에 포함시킬 수 있다.

> 1. 임대주택(민간 및 공공임대주택)건설계획등 [세입자] 주거 및 생활안정대책
> 2. 순환개발 등 [단계적] 사업추진이 필요한 경우 사업추진 계획 등의 사항
> 3. 도시개발구역 밖의 지역에 기반시설을 설치에 필요한 [비용]의 부담 계획
> 4. 수용 또는 사용 대상, 광업권, 어업권, 물의 사용에 관한 권리의 [세부목록]

THEMA 27 도시개발법 개발계획 ▶ 6주차

☑ **도시개발사업** : 단지 또는 시가지를 조성하는 사업
01. **수립권자** : [　　　](시·도지사, 대도시 시장, 국토교통부장관)
02. **수립시기** : ① 원칙 : [선] 개발계획, [후] 개발구역
　　　② 예외 : [선] 개발구역 지정 ⇨ [후] 개발계획[기습발표 ⇨ 투기차단]

> 1. [　　]녹지지역 [보전녹지지역[×] ⇨ 보전관리지역[○]]
> 2. [　　]녹지지역[개발구역 지정면적의 30% 이하]
> 3. 도시지역 [　　]의 지역[관리지역, 농림지역, 자연환경보전지역]
> 4. 국토교통부장관이 [　　　　]을 위해 중앙행정기관의 장과 협의 지정
> 5. **주거·상업·공업지역** 면적이 ⇨ 전체 면적의 [　]% 이하 [50% 이하 ×]
> 6. 개발계획 [　　]시

03. **동의[환지방식]** : 면적 [　]/[　] 이상 + 총수 [　]/[　] 이상[**국가, 지방자치단체**는 동의 받지 [　　　].]
04. **동의자 수의 산정방법**

> 1. 토지 면적을 산정하는 경우 : **국공유지를** [　　]
> 2. 공유의 경우 : 대표**공유자 1명**만을 토지 소유자. 다만, 구분소유자는 [　　]을 1명으로 본다.
> 3. [　　]한 자 : 동의자 수에서 **제외**할 것
> 4. 어떠한 기준 시점 이후 토지소유자 변경[증가]된 경우 : **기존[이전] 토지소유자 동의서를 기준**
> 5. **동의 순서** : **사유토지** ⇨ **국공유지 관리청 동의**
> 6. **1인이 둘 이상 필지의 토지를 단독으로 소유** : 필지의 수에 관계없이 1인

05. **개발계획 내용** : **지구단위계획 ×**
개발구역 지정한 후에 개발계획에 포함시킬 수 있다.

> 1. 임대주택(민간 및 공공임대주택)건설계획등 [　　　] 주거 및 생활안정대책
> 2. 순환개발 등 [　　　] 사업추진이 필요한 경우 사업추진 계획 등의 사항
> 3. 도시개발구역 밖의 지역에 기반시설을 설치에 필요한 [　　]의 부담 계획
> 4. 수용 또는 사용 대상, 광업권, 어업권, 물의 사용에 관한 권리의 [　　　]

THEMA 28 | 도시개발구역 지정 ▶ 6주차

01. 지정권자: ① 원칙: 시·도지사, 대도시 시장[시장·군수 ×]
② 예외: **국토교통부장관이 지정할 수 있다.**

> 1. 국가가 도시개발사업을 실시할 필요가 있는 경우
> 2. 중앙행정기관의 장[장관]이 요청하는 경우
> 3. 공공기관 또는 **정부출연기관** 장이 30만m² 이상으로 국가계획과 관련이 있는 개발 구역의 지정을 제안하는 경우 ⇨ 지방공사(×)
> 4. 시·도지사와 대도시 시장의 협의가 안 된 경우
> 5. 천재지변 그 밖의 사유로 인하여 긴급한 경우

02. 면적: **도시지역** ⇨ 주거지역, 상업지역, 생산녹지지역, 자연녹지지역: 1만m² 이상 / 공업지역: 3만m² 이상 / 결합개발, 분할개발[1만m² 이상] 가능

03. 10만m² 미만: 일간신문에 공고 × ⇨ 공보와 인터넷 홈페이지에 공고
50만m² 이상: 도시개발구역 지정시 국토교통부장관과 협의하여야 한다.
100만m² 이상: 공람기간 끝난 후에 공청회를 개최하여야 한다.

04. 지정 효과: ① 도시지역과 지구단위계획구역 의제
② 취락지구는 도시지역 ×, 지구단위계획구역 ×

05. 개발행위 허용사항: 허가 받지 아니하고 할 수 있다.

> 1. 재해복구등 응급조치, 경작을 위한 토지의 형질변경
> 2. 농림수산물의 생산에 직접 이용되는 것으로서 간이공작물의 설치
> 3. 개발에 지장을 주지 아니하고 경관을 손상하지 아니하는 범위 토석채취
> 4. 남겨두기로 결정된 대지에서 물건을 쌓는 행위
> 5. 관상용 죽목의 임시식재[경작지]에서의 임시식재 제외한다. ⇨ 허가 ○

06. 법정해제 간주사유[다음 날] ⇨ 공사완료로 해제의제 ⇨ 환원(×), 폐지(×)

> 1. 수용사용방식 ⇨ 공사완료공고일 다음 날 [존속] ⇨ 환원 ×
> 2. 환지방식 ⇨ 환지처분공고일 다음 날[존속] ⇨ 환원 ×
> 3. 선)개발구역, 후)개발계획: 개발계획수립 × 2년[330만 이상이면 5년] 이 되는 날의 다음 날, 실시계획 인가를 신청 × ⇨ 3년[330만 이상이면 5년] 이 되는 날의 다음 날 실효⇨**용도지역은 환원, 지구단위계획구역은 폐지된 것으로 본다.**

THEMA 28 | 도시개발구역 지정 ▶ 6주차

01. 지정권자: ① 원칙: 시·도지사, 대도시 시장[시장·군수 ×]
② 예외: **국토교통부장관이 지정할 수 있다.**

> 1. ____가 도시개발사업을 실시할 필요가 있는 경우
> 2. ____행정기관의 장[장관]이 요청하는 경우
> 3. 공공기관 또는 **정부출연기관** 장이 30만m² 이상으로 ____과 관련이 있는 개발 구역의 지정을 제안하는 경우 ⇨ 지방공사(×)
> 4. 시·도지사와 대도시 시장의 ____가 안 된 경우
> 5. ____ 그 밖의 사유로 인하여 긴급한 경우

02. 면적: **도시지역** ⇨ 주거지역, 상업지역, 생산녹지지역, 자연녹지지역: □만m² 이상 / 공업지역: □만m² 이상 / 결합개발, 분할개발[1만m² 이상] 가능

03. □만m² 미만: 일간신문에 공고 × ⇨ 공보와 인터넷 홈페이지에 공고
□만m² 이상: 도시개발구역 지정시 국토교통부장관과 협의하여야 한다.
□만m² 이상: 공람기간 끝난 후에 공청회를 개최하여야 한다.

04. 지정 효과: ① 도시지역과 지구단위계획구역 의제
② ____는 도시지역 ×, 지구단위계획구역 ×

05. 개발행위 허용사항: 허가 받지 아니하고 할 수 있다.

> 1. ____등 응급조치, ____을 위한 토지의 형질변경
> 2. ____수산물의 생산에 직접 이용되는 것으로서 간이공작물의 설치
> 3. 개발에 ____을 주지 아니하고 경관을 손상하지 아니하는 범위 토석채취
> 4. ____로 결정된 대지에서 물건을 쌓는 행위
> 5. 관상용 죽목의 임시식재[____]에서의 임시식재 제외한다. ⇨ 허가 ○

06. 법정해제 간주사유[다음 날] ⇨ 공사완료로 해제의제 ⇨ 환원(×), 폐지(×)

> 1. 수용사용방식 ⇨ 공사완료공고일 ____ [존속] ⇨ 환원 ×
> 2. 환지방식 ⇨ 환지처분공고일 ____[존속] ⇨ 환원 ×
> 3. 선)개발구역, 후)개발계획: 개발계획수립 × 2년[330만 이상이면 5년] 이 되는 날의____, 실시계획 인가를 신청 × ⇨ 3년[330만 이상이면 5년] 이 되는 날의 ____ 실효⇨**용도지역은 환원, 지구단위계획구역은 폐지된 것으로 본다.**

THEMA 29 도시개발조합 ▶ 6주차

01. **조합**[법인 = 회사]**설립인가** : 토지소유자 **7명 이상**이 정관을 작성하여 ⇨ 지정권자 인가 ⇨ **주된 사무소 소재지 변경**, 공고방법 변경은 신고

02. **조합설립 동의요건** : 토지면적의 2/3 **이상과** [또는×] 토지소유자 총수의 1/2 **이상 동의**[국공유지 포함] ⇨ 토지소유자는 **조합 설립인가의 신청** 전 [조합 설립인가에 동의한 자로부터 토지를 취득한 자는 조합 설립인가 신청 전]에 동의를 **철회**할 수 있다.

03. **공법상 사단법인** : 민법의 사단법인 규정 준용 ⇨ 인가 후 **30일 이내 설립** 등기하면 **성립**된다.

04. **조합원** : 토지소유자가 조합원[건축물 소유자 ×] ⇨ 조합설립에 동의 안 해도 당연 조합원 ⇨ 보유토지의 면적[비례 ×]에 관계없는 평등한 의결권

05. **조합의** 임원[조합장, 이사, 감사 = 조합원 = 토지소유자]**의 결격사유**[제한능력자, 파산자, 금고 이상의 형을 선고받고 2년 지나지 아니한 자, 집행유예 중에 있는 자] ⇨ 결격사유에 해당하게 된 경우에는 그 다음 날 **임원의 자격을 상실한다.** [임원의 겸직을 금지한다.]

06. 조합장 또는 이사의 자기를 위한 조합과의 계약이나 소송 ⇨ 감사가 **조합을 대표**한다.

07. **대의원회** : 의결권을 가진 조합원 수가 50인 이상인 조합은 **대의원회를 둘 수 있다.** ⇨ 대의원의 수는 100분의 10 이상으로 한다.

08. **대의원회의 총회 대행 불가 사유**[정개조조환지]

> ⇨ 정관변경
> ⇨ 개발계획의 수립·변경[실시계획의 수립은 대행할 수 있다.]
> ⇨ 조합임원[조합장, 이사, 감사]의 선임
> ⇨ 조합의 합병 또는 해산
> ⇨ 환지계획 작성[환지예정지는 대행할 수 있다.]
> ⇨ 총회만 행사할 수 있다.

THEMA 29 도시개발조합 ▶ 6주차

01. **조합**[법인 = 회사]**설립인가** : 토지소유자 ☐**명 이상**이 정관을 작성하여 ⇨ 지정권자 인가 ⇨ **주된 사무소 소재지 변경**, 공고방법 변경은 ☐

02. **조합설립 동의요건** : 토지면적의 ☐/☐ **이상과** [또는×] 토지소유자 총수의 ☐/☐ **이상 동의**[국공유지 포함] ⇨ 토지소유자는 **조합 설립인가의 신청** ☐ [조합 설립인가에 동의한 자로부터 토지를 취득한 자는 조합 설립인가 신청 ☐]에 동의를 **철회**할 수 있다.

03. **공법상 사단법인** : 민법의 사단법인 규정 준용 ⇨ 인가 후 **30일 이내 설립** ☐하면 **성립**된다.

04. **조합원** : ☐가 조합원[건축물 소유자 ×] ⇨ 조합설립에 동의 안 해도 당연 조합원 ⇨ 보유토지의 면적[비례 ×]에 관계없는 ☐한 의결권

05. **조합의** ☐[조합장, 이사, 감사 = 조합원 = 토지소유자]**의 결격사유**[제한능력자, 파산자, 금고 이상의 형을 선고받고 2년 지나지 아니한 자, 집행유예 중에 있는 자] ⇨ 결격사유에 해당하게 된 경우에는 그 ☐ **임원의 자격을 상실한다.** [임원의 겸직을 ☐한다.]

06. 조합장 또는 이사의 자기를 위한 조합과의 계약이나 소송 ⇨ ☐가 **조합을 대표**한다.

07. **대의원회** : 의결권을 가진 조합원 수가 ☐인 이상인 조합은 **대의원회를 둘 수 있다.** ⇨ 대의원의 수는 100분의 10 이상으로 한다.

08. **대의원회의 총회 대행 불가 사유**[정개조조환지]

> ⇨ ☐관변경
> ⇨ ☐발계획의 수립·변경[실시계획의 수립은 대행할 수 있다.]
> ⇨ ☐합임원[조합장, 이사, 감사]의 선임
> ⇨ ☐합의 합병 또는 해산
> ⇨ ☐계획 작성[환지예정지는 대행할 수 있다.]
> ⇨ 총회만 행사할 수 있다.

THEMA 30 실시계획 ▶ 6주차

THEMA 30 실시계획 ▶ 6주차

01. 시행자는 도시개발사업에 관한 실시계획(설계도서, 자금계획, 시행기간)을 작성하여야 한다. ⇨ 실시계획은 개발계획에 부합하게 작성하여야 한다. ⇨ 실시계획에는 지구단위계획이 포함되어야 한다.

02. 실시계획을 고시한 경우 ⇨ 도시·군관리계획[지구단위계획 포함]이 결정·고시된 것으로 본다.

　⇨ 이 경우 종전에 도시·군관리계획으로 결정된 사항 중 고시내용에 저촉되는 사항은 고시된 내용으로 변경된 것으로 본다.

　⇨ 인가·허가 등 의제시 관계 행정기관의 장은 협의 요청을 받은 날부터 20일 이내 의견을 제출하여야 한다.

03. 실시계획 ⇨ 지정권자의 인가

　① 국토교통부장관인 지정권자는 시·도지사 또는 대도시 시장의 의견을 미리 들어야 한다.

　② 시·도지사인 지정권자는 시장(대도시 시장 제외)·군수·구청장의 의견을 미리 들어야 한다.

　③ **경미한 변경**: 사업시행면적의 100분의 10의 범위에서의 면적의 감소, 사업비의 100분의 10의 범위에서의 사업비의 증감은 실시계획의 변경에 관하여 변경인가를 받지 아니한다.

---

01. 시행자는 도시개발사업에 관한 실시계획(설계도서, 자금계획, 시행기간)을 작성하여야 한다. ⇨ 실시계획은 [   ]에 부합하게 작성하여야 한다. ⇨ 실시계획에는 [   ]이 포함되어야 한다.

02. 실시계획을 [   ]한 경우 ⇨ 도시·군관리계획[지구단위계획 포함]이 결정·고시된 것으로 본다.

　⇨ 이 경우 종전에 도시·군관리계획으로 결정된 사항 중 고시내용에 저촉되는 사항은 [   ]된 내용으로 변경된 것으로 본다.

　⇨ 인가·허가 등 의제시 관계 행정기관의 장은 협의 요청을 받은 날부터 [   ]일 이내 의견을 제출하여야 한다.

03. 실시계획 ⇨ 지정권자의 인가

　① 국토교통부장관인 지정권자는 [   ] 또는 [   ]의 의견을 미리 들어야 한다.

　② 시·도지사인 지정권자는 [   ](대도시 시장 제외)·[   ]·[   ]의 의견을 미리 들어야 한다.

　③ **경미한 변경**: 사업시행면적의 100분의 10의 범위에서의 면적의 [   ], 사업비의 100분의 10의 범위에서의 사업비의 [   ]은 실시계획의 변경에 관하여 변경인가를 받지 아니한다.

THEMA 31 수용 · 사용방식 ▶ 6주차

01. **수용 · 사용방식[수집]** : 집단적인 조성 · 공급이 필요한 경우에 시행한다.

02. **토지 등의 수용 또는 사용**
① **민간시행자[조합제외]** : 사업대상 토지면적 2/3 이상 소유 + 토지소유자 총수의 1/2 이상의 동의를 받아야 한다.
② **특례** : ⓐ 세부목록 고시 ⇨ **사업인정 · 고시의제** ⓑ **재결신청** : 사업시행기간 종료일까지[공취법을 준용한다.]

03. **토지상환채권** : 토지소유자가 원[수의계약]하는 경우 매수대금의 일부[발행 규모는 1/2 초과 금지]를 토지 · 건물로 상환하는 채권 ⇨ **[국가, 지자체 등]**시행자가 발행 ⇨ **승인권자**[지정권자] ⇨ **민간시행자**[지급 보증] ⇨ **발행방법** : 기명[양도 가능] ⇨ **이율결정** : 발행자가 정한다.

04. **원형지의 공급과 개발**
① **시행자는** 지정권자의 승인을 받아 국가 또는 지방자치단체, 공공기관, 지방공사[정부출연기관 ✕], 공모에서 선정된 자, 학교나 공장부지로 직접 사용하는 자에게 원형지 공급 ⇨ 면적 1/3 이내 ⇨ 조건부 승인할 수 있다.
② **매각제한** : 원형지개발자[국가 및 지방자치단체 제외]는 10년 범위에서 공사완료 **공고일부터** 5년 또는 원형지 공급 **계약일부터** 10년 기간 중 먼저 끝나는 기간 안에는 원형지를 매각할 수 **없다.**
③ **원형지공급가격** : 개발계획이 반영된 원형지의 감정가격에 시행자가 원형지에 설치한 기반시설 등의 공사비를 더한 금액을 기준으로 시행자와 원형지개발자가 협의하여 결정한다.

05. **수용 · 사용방식의 가격평가**
① 원칙 ⇨ 감정가격
② 예외 ⇨ 감정가격 이하[학교, 공공청사, 사회복지시설(무료), 공장, 임대주택]로 정할 수 있다. 다만, 공공시행자에게 임대주택 건설용지를 공급하는 경우에는 해당 토지의 가격을 감정평가한 가격 이하로 정하여야 한다.

06. **공급방법** ⇨ **예외[추첨방식(당구공~)]** : 330m²이하 단독주택, 국민주택규모 주택건설용지, 공공택지, 공장용지, 수의계약방법으로 공급하기로 하였으나 공급신청량이 공급계획에서 제한된 면적을 초과하는 경우

THEMA 32 환지방식 ▶ 6주차

01. **환지계획 작성기준** [국토교통부령[시행자 ×]]
   ① 위치 · 지목 · 면적 · 토질 · 수리 · 이용상황 · 환경 등을 종합적으로 고려
   ② **동의 · 신청에 의한 환지 부지정**: 임차권자 동의 ⇨ 30일 이상의 기간을 정하여 통지하여야 한다.
02. **가격평가**: 감정가격 + 토지평가협의회의 심의를 거쳐 결정한다.
03. **환지계획 인가권자**: 행정청이 아닌 시행자 ⇨ 특별자치도지사 · 시장 · 군수 · 구청장
04. **환지처분의 효과**: 취득[다음 날], 소멸[끝나는 때]

환지처분 공고일	
권리소멸	권리취득[종전토지로 본다.]
끝나는 때	다음 날

   1. **지역권**: 종전토지에 존속 ⇨ 행사할 이익이 없어진 지역권 ⇨ 공고 있은 날이 끝나는 때에 소멸한다.
   2. **행정상 · 재판상의 처분** ⇨ 종전토지에 존속한다. 경제적 가치를 목적 ⇨ 환지로 이전한다.
   3. **입체환지**: 건축물의 일부와 해당 건축물이 있는 토지의 공유지분을 환지처분이 공고된 날의 다음 날에 취득한다.
   4. **체비지 · 보류지**: 체비지는 시행자가, 보류지는 환지계획에서 정한 자가 환지처분의 공고가 있는 날의 다음 날에 그 소유권을 취득한다. 다만, 이미 처분된 체비지는 매입한 자가 소유권이전등기를 마친 때에 이를 취득한다.
05. **청산금 결정시기**: 청산금은 환지처분을 하는 때에 이를 결정하여야 한다.
06. **청산금의 확정**: 환지처분의 공고가 있는 날의 다음 날에 확정된다.
07. **도시개발채권의 발행권자[조합×]**: 시 · 도지사가 발행[발행방법, 총액 등 행정안전부장관의 승인] ⇨ 소5멸시효는 상환일부터 기산하여 원금은 5년, 이자는 2년 ⇨ 전자등록 또는 무기명으로 발행 ⇨ 상환기간은 5년부터 10년까지의 범위에서 지방자치단체의 조례로 정한다.

THEMA 32 환지방식 ▶ 6주차

01. **환지계획 작성기준** [_____[시행자 ×]]
   ① 위치 · 지목 · 면적 · 토질 · 수리 · 이용상황 · 환경 등을 종합적으로 고려
   ② **동의 · 신청에 의한 환지 부지정**: _____ 동의 ⇨ 30일 이상의 기간을 정하여 통지하여야 한다.
02. **가격평가**: 감정가격 + 토지평가협의회의 ____를 거쳐 결정한다.
03. **환지계획 인가권자**: 행정청이 아닌 시행자 ⇨ _____ · ____ · ____ · ____
04. **환지처분의 효과**: 취득[다음 날], 소멸[끝나는 때]

환지처분 공고일	
권리소멸	권리취득[종전토지로 본다.]
끝나는 때	_____

   1. **지역권**: 종전토지에 _____ ⇨ 행사할 이익이 없어진 지역권 ⇨ 공고 있은 날이 끝나는 때에 _____한다.
   2. **행정상 · 재판상의 처분** ⇨ 종전토지에 _____한다. 경제적 가치를 목적 ⇨ 환지로 이전한다.
   3. **입체환지**: 건축물의 일부와 해당 건축물이 있는 토지의 공유지분을 환지처분이 공고된 날의 _____에 취득한다.
   4. **체비지 · 보류지**: 체비지는 _____가, 보류지는 환지계획에서 _____가 환지처분의 공고가 있는 날의 다음 날에 그 소유권을 취득한다. 다만, 이미 처분된 체비지는 매입한 자가 소유권_____를 마친 때에 이를 취득한다.
05. **청산금 결정시기**: 청산금은 _____을 하는 때에 이를 결정하여야 한다.
06. **청산금의 확정**: 환지처분의 공고가 있는 날의 _____에 확정된다.
07. **도시개발채권의 발행권자[조합×]**: _____가 발행[발행방법, 총액 등 행정안전부장관의 승인] ⇨ 소5멸시효는 상환일부터 기산하여 원금은 □년, 이자는 □년 ⇨ 전자등록 또는 _____으로 발행 ⇨ 상환기간은 □년부터 □년까지의 범위에서 지방자치단체의 조례로 정한다.

THEMA 33 도시 및 주거환경정비법 용어정의 ▶ 7주차

01. 용어정의

구 분	정비기반시설의 상태
주거환경 개선사업 [달동네]	• **도시저소득 주민**이 **집단거주**하는 지역으로서 정비기반시설이 **극히 열악**하고 노후 · 불량건축물이 과도하게 밀집한 지역의 주거환경을 개선하는 사업 • 단독주택 및 다세대주택 등이 밀집한 지역에서 정비기반시설과 공동이용시설의 확충을 통하여 주거환경을 **보전 · 정비 · 개량**하는 사업
재개발사업	• 정비기반시설이 **열악**하나 노후 · 불량건축물이 밀집한 지역에서 주거환경을 개선하는 사업 • **상업지역 · 공업지역**에서 도심 또는 부도심 등 도시기능의 회복 및 상권활성화 등을 위하여 도시환경을 개선하는 사업
재건축사업	정비기반시설은 **양호**하나 노후 · 불량건축물에 해당하는 공동주택이 밀집한 지역에서 주거환경을 개선하기 위한 사업

02. 정비기반시설 : 도로 · 상하수도 · 구거(도랑) · 공원 · 광장 · 공용주차장 · 공공공지 · 공동구, 열 · 가스 등의 공급시설을 말한다.

03. 공동이용시설 : 주민이 **공동**으로 사용하는 놀이터 · 마을회관 · 공동작업장 · 구판장 · 탁아소 · 세탁장 · 어린이집 · 경로당 · 화장실 · 수도 등을 말한다.

04. 토지등소유자[위탁자 = 토지등소유자 ⇨ 전세권자 ×, 저당권자 ×, 지역권자 ×]

구 분	토지등소유자		
	토지소유자	건축물소유자	지상권자
주거환경개선사업	[정비구역]○	또는 ○ 또는	○
재개발사업	[정비구역]○	또는 ○ 또는	○
재건축사업	[정비구역]○	및 ○	[☒]
	토지 및 건축물소유자		

05. 노후 · 불량건축물 : 도시미관을 저해하거나 노후화된 건축물로서 준공된 후 20년 이상 30년 이하의 범위에서 조례로 정하는 기간이 지난 건축물은 노후 · 불량건축물이다. [보수보강 = 4자 = 40년]

THEMA 33 도시 및 주거환경정비법 용어정의 ▶ 7주차

01. 용어정의

구 분	정비기반시설의 상태
[달동네]	• **도시저소득 주민**이 **집단거주**하는 지역으로서 정비기반시설이 **극히 열악**하고 노후 · 불량건축물이 과도하게 밀집한 지역의 주거환경을 개선하는 사업 • 단독주택 및 다세대주택 등이 밀집한 지역에서 정비기반시설과 공동이용시설의 확충을 통하여 주거환경을 **보전 · 정비 · 개량**하는 사업
	• 정비기반시설이 **열악**하나 노후 · 불량건축물이 밀집한 지역에서 주거환경을 개선하는 사업 • **상업지역 · 공업지역**에서 도심 또는 부도심 등 도시기능의 회복 및 상권활성화 등을 위하여 도시환경을 개선하는 사업
	정비기반시설은 **양호**하나 노후 · 불량건축물에 해당하는 공동주택이 밀집한 지역에서 주거환경을 개선하기 위한 사업

02. [   ] : 도로 · 상하수도 · 구거(도랑) · 공원 · 광장 · 공용주차장 · 공공공지 · 공동구, 열 · 가스 등의 공급시설을 말한다.

03. 공동이용시설 : 주민이 **공동**으로 사용하는 [   ] · [   ] · [   ] · 구판장 · 탁아소 · 세탁장 · 어린이집 · 경로당 · 화장실 · 수도 등을 말한다.

04. 토지등소유자[위탁자 = 토지등소유자 ⇨ 전세권자 ×, 저당권자 ×, 지역권자 ×]

구 분	토지등소유자		
	토지소유자	건축물소유자	지상권자
주거환경개선사업	[정비구역]○	또는 ○ 또는	○
재개발사업	[정비구역]○	또는 ○ 또는	○
재건축사업	[정비구역]○	및 ○	[ ]
	토지 ☐ 건축물소유자		

05. 노후 · 불량건축물 : 도시미관을 저해하거나 노후화된 건축물로서 준공된 후 [   ]년 이상 [   ]년 이하의 범위에서 조례로 정하는 기간이 지난 건축물은 노후 · 불량건축물이다. [보수보강 = 4자 = 40년]

THEMA 34 정비기본계획, 정비계획, 정비구역 ▶7주차

01. **정비기본계획**: 특별시장 · 광역시장 · 특별자치시장 · 특별자치도지사 · 시장[군수 ×]이 수립 ⇨ 10 년 단위의 정비예정인 구역의 개략적 범위와 단계별 정비사업추진계획을 정하는 계획 ⇨ 건폐율 · 용적률 등 건축물의 밀도계획 포함 ⇨ 5 년 마다 타당성 검토

02. 도지사가 기본계획을 수립할 필요가 없다고 인정하는 시[대도시가 아닌 지역]에 대하여는 **기본계획을 수립하지 아니할 수 있다.** ⇨ 대도시 시장이 아닌 시장은 기본계획을 수립시 도지사의 **승인**을 받아야 한다.

03. **작성기준 · 작성방법**: 국토교통부장관이 정한다.

04. **기본계획을 수립**하려는 경우에는 14 일 이상 주민에게 공람하여 의견을 들어야 하며, 제시된 의견이 타당하다고 인정되면 반영하여야 한다.

☑ **재건축사업의 안전진단**

05. **안전진단**: **정비계획의 입안권자**는 재건축사업의 정비계획의 수립시기가 도래한 때, 입안을 제안하기 전에 1/10 **이상**의 동의를 받아 안전진단을 요청하는 때 안전진단을 실시하여야 한다.

06. **재건축사업의 안전진단대상**: **주택단지 내 건축물**
천재지변등으로 주택이 붕괴되어 신속히 재건축을 추진 ⇨ 구조안전상 사용금지 ⇨ 노후 · 불량건축물 수에 관한 기준을 충족한 경우 잔여 건축물 ⇨ 진입도로 등 기반시설 설치를 위하여 불가피하게 정비구역에 포함된 것으로 **입안권자가 인정**하는 건축물, 안전등급이 D (미흡) 또는 E (불량)인 건축물은 안전진단 대상에서 제외할 수 있다.

07. **실시 여부를 결정통보**: 요청일로부터 30 일 이내 실시 여부 결정하여 통보
주의 30일 이내 실시[×]

08. **비용부담**: 안전진단 실시를 요청[1/10]하는 자에게 부담시킬 수 있다.

09. **취소요청**: 시 · 도지사는 적정성 검토결과에 따라 입안권자에게 정비계획 입안결정의 취소 등 **필요한 조치**를 요청할 수 있으며, 정비계획의 입안권자는 특별한 사유가 없으면 그 요청에 따라야 한다.

THEMA 34 정비기본계획, 정비계획, 정비구역 ▶7주차

01. **정비기본계획**: 특별시장 · 광역시장 · 특별자치시장 · 특별자치도지사 · 시장[군수 ×]이 수립 ⇨ ___ 년 단위의 정비예정인 구역의 개략적 범위와 단계별 정비사업추진계획을 정하는 계획 ⇨ 건폐율 · 용적률 등 건축물의 ___ 계획 포함 ⇨ □년 마다 타당성 검토

02. ___가 기본계획을 수립할 필요가 없다고 인정하는 시[대도시가 아닌 지역]에 대하여는 **기본계획을 수립하지 아니할 수 있다.** ⇨ 대도시 시장이 아닌 시장은 기본계획을 수립시 ___의 **승인**을 받아야 한다.

03. **작성기준 · 작성방법**: ___이 정한다.

04. **기본계획을 수립**하려는 경우에는 ___일 이상 ___에게 공람하여 의견을 들어야 하며, 제시된 의견이 타당하다고 인정되면 반영하여야 한다.

☑ **재건축사업의 안전진단**

05. **안전진단**: **정비계획의 입안권자**는 재건축사업의 정비계획의 수립시기가 도래한 때, 입안을 제안하기 전에 □/___ **이상**의 동의를 받아 안전진단을 요청하는 때 안전진단을 실시하여야 한다.

06. **재건축사업의 안전진단대상**: **주택단지 내 건축물**
___등으로 주택이 붕괴되어 신속히 재건축을 추진 ⇨ 구조안전상 ___ ⇨ 노후 · 불량건축물 수에 관한 기준을 충족한 경우 ___ ⇨ 진입도로 등 기반시설 설치를 위하여 불가피하게 정비구역에 포함된 것으로 **입안권자가 인정**하는 건축물, 안전등급이 D (미흡) 또는 E (불량)인 건축물은 안전진단 대상에서 제외할 수 있다.

07. **실시 여부를 결정통보**: 요청일로부터 ___일 이내 실시 여부 결정하여 통보
주의 30일 이내 실시[×]

08. **비용부담**: 안전진단 실시를 ___[1/10]하는 자에게 부담시킬 수 있다.

09. **취소요청**: 시 · 도지사는 적정성 검토결과에 따라 입안권자에게 정비계획 입안결정의 ___ 등 **필요한 조치**를 ___할 수 있으며, 정비계획의 입안권자는 특별한 사유가 없으면 그 요청에 따라야 한다.

10. **정비계획 입안절차** : ① 정비계획 수립 ⇨ ② 서면 통보 후 주민 설명회 및 30일 이상 공람[세입자 포함] ⇨ ③ 지방의회 의견청취[60일 이내] ⇨ ④ 정비구역[구청장 등 ⇨ 특별시장·광역시장에게]지정을 신청하여야 한다.

11. **정비구역에서 개발행위 허용사항** : 허가를 받지 아니하고 이를 할 수 있다.

　① 재해복구 또는 재난수습에 필요한 응급조치를 위하여 하는 행위

　② 기존 건축물의 붕괴 등 안전사고의 우려가 있는 경우 해당 건축물에 대한 안전조치를 위한 행위

　③ 경작을 위한 토지의 형질변경

　④ 농림수산물 생산에 직접 이용되는 간이공작물[비닐하우스, 종묘배양장, 건조장, 탈곡장]의 설치

　⑤ 개발에 지장을 주지 아니하고 자연경관을 손상하지 아니하는 범위의 토석채취

　⑥ 정비구역에 남겨두기로 결정된 대지에 물건 쌓아놓는 행위

　⑦ 관상용 죽목의 임시식재[경작지에서의 임시식재는 허가를 받아야 한다.]

12. **정비구역해제[해제 문제 푸는 요령]**

　① **필수적 해제** : 해제하여야 한다.

　　추진위⑵원회 보이면 ⇨ 2년

　　추진위원회 안보이면 ⇨ 3년

　　토지등소유자 시행[재개발사업] ⇨ 5년

　② **임의적 해제** : 해제할 수 있다.

　　토지등소유자의 과도한 부담이 예상, 추진 상황으로 보아 지정 목적을 달성할 수 없다고 인정하는 경우, 토지등소유자의 30% 이상이 해제를 요청하는 경우, 주거환경개선사업의 **자력개량방식** : 10년 ＋ 과반수 동의 추진위원회 구성 또는 조합 설립에 동의한 토지등소유자의 2분의 1 이상 3분의 2 이하의 범위에서 시·도조례로 정하는 비율 이상의 동의로 정비구역의 해제를 요청하는 경우, 추진위원회가 구성되거나 조합이 설립된 정비구역에서 토지등소유자 과반수의 동의로 정비구역의 해제를 요청하는 경우에는 정비구역등을 해제할 수 있다.

---

10. **정비계획 입안절차** : ① 정비계획 수립 ⇨ ② 서면 통보 후 [　　　　　] 및 30일 이상 공람[세입자 포함] ⇨ ③ 지방의회 의견청취[60일 이내] ⇨ ④ 정비구역[구청장 등 ⇨ 특별시장·광역시장에게]지정을 신청하여야 한다.

11. **정비구역에서 개발행위 허용사항** : 허가를 받지 아니하고 이를 할 수 있다.

　① 재해복구 또는 재난수습에 필요한 [　　　]를 위하여 하는 행위

　② 기존 건축물의 붕괴 등 안전사고의 우려가 있는 경우 해당 건축물에 대한 [　　　]를 위한 행위

　③ [　　]을 위한 토지의 형질변경

　④ [　　]수산물 생산에 직접 이용되는 간이공작물[비닐하우스, 종묘배양장, 건조장, 탈곡장]의 설치

　⑤ 개발에 [　　]을 주지 아니하고 자연경관을 손상하지 아니하는 범위의 토석채취

　⑥ 정비구역에 [　　　]로 결정된 대지에 물건 쌓아놓는 행위

　⑦ 관상용 죽목의 임시식재[　　　]에서의 임시식재는 허가를 받아야 한다.]

12. **정비구역해제[해제 문제 푸는 요령]**

　① **필수적 해제** : 해제하여야 한다.

　　추진위⑵원회 보이면 ⇨ □년

　　추진위원회 안보이면 ⇨ □년

　　토지등소유자 시행[재개발사업] ⇨ □년

　② **임의적 해제** : 해제할 수 있다.

　　토지등소유자의 [　　]한 부담이 예상, 추진 상황으로 보아 지정 [　　]을 달성할 수 없다고 인정하는 경우, 토지등소유자의 [　　]% 이상이 해제를 요청하는 경우, 주거환경개선사업의 **자력개량방식** : 10년 ＋ [　　] 동의 추진위원회 구성 또는 조합 설립에 동의한 토지등소유자의 2분의 1 이상 3분의 2 이하의 범위에서 시·도조례로 정하는 비율 이상의 동의로 정비구역의 해제를 요청하는 경우, 추진위원회가 구성되거나 조합이 설립된 정비구역에서 토지등소유자 과반수의 동의로 정비구역의 해제를 요청하는 경우에는 정비구역등을 해제할 수 있다.

THEMA 35 사업시행방법, 시행자, 시공자 ▶ 7주차

01. 정비사업의 시행방법

구 분	환지 방식	자력 개량	수용 방식	혼용 방식	관리 처분계획	대 상
주거환경개선사업	○	○	○	○	○	주택 + 부 + 복
재개발사업	○	×	×	×	○	건축물
재건축사업	×	×	×	×	○	주택 + 부대 + 복리 + 오피스텔

☑ 재건축사업에 따라 **오피스텔[건축물 연면적의 30% 이하]**을 건설하여 공급하는 경우에는 준주거지역 및 상업지역에서 건설할 수 있다.

02. **주거환경개선사업[수용방법, 환지방법, 관리처분계획 방법]**은 토지등소유자의 2/3 **이상의 동의**와 세입자 세대수의 과반수의 **동의**를 각각 받아야 한다. 다만, 세입자의 세대수가 토지등소유자의 1/2 이하인 경우에는 세입자의 동의절차를 거치지 아니할 수 있다. [천재지변 ⇨ 동의 없이 시행]

03. **재개발사업**은 조합이 단독으로 시행하거나 조합원 과반수의 동의를 받아 조합과 시장·군수·토지주택공사 등·건설업자·등록사업자·신탁업자·한국부동산원과 공동으로 시행할 수 있다.

04. 재개발사업은 **토지등소유자가** 20인 미만인 경우에는 조합설립없이 **토지 등소유자가** 시행할 수 있다.

05. **조합은 조합설립인가 받은 후[조합원 100명 초과]** ⇨ 경쟁입찰 또는 수의계약(2회 이상 경쟁입찰이 유찰된 경우로 한정한다)의 방법으로 건설사업자 또는 등록사업자를 시공자로 선정하여야 한다.

06. **조합원[100명 이하]** ⇨ 정관에 따라 ⇨ 선정할 수 있다.

07. **재개발사업**을 토지등소유자가 시행하는 경우에는 사업시행계획인가를 받은 후 규약에 따라 건설사업자 또는 등록사업자를 **시공자로 선정**하여야 한다.

08. 사업시행자[사업대행자 포함]는 선정된 시공자와 공사에 관한 계약을 체결할 때에는 기존 건축물의 철거공사에 관한 사항을 포함하여야 한다.

THEMA 35 사업시행방법, 시행자, 시공자 ▶ 7주차

01. 정비사업의 시행방법

구 분	환지 방식	자력 개량	수용 방식	혼용 방식	관리 처분계획	대 상
주거환경개선사업						주택 + 부 + 복
재개발사업						건축물
재건축사업						주택 + 부대 + 복리 + 오피스텔

☑ _____에 따라 **오피스텔[건축물 연면적의 30% 이하]**을 건설하여 공급하는 경우에는 준주거지역 및 상업지역에서 건설할 수 있다.

02. **주거환경개선사업[수용방법, 환지방법, 관리처분계획 방법]**은 토지등소유자의 □/□ **이상의 동의**와 세입자 세대수의 _____의 **동의**를 각각 받아야 한다. 다만, 세입자의 세대수가 토지등소유자의 □/□ 이하인 경우에는 세입자의 동의절차를 거치지 아니할 수 있다. [천재지변 ⇨ 동의 없이 시행]

03. **재개발사업**은 조합이 단독으로 시행하거나 조합원 과반수의 동의를 받아 조합과 시장·군수·토지주택공사 등·건설업자·등록사업자·_____·_____과 공동으로 시행할 수 있다.

04. _____은 **토지등소유자가** □인 미만인 경우에는 조합설립없이 **토지 등소유자가** 시행할 수 있다.

05. **조합은 조합설립인가 받은 후[조합원 100명 초과]** ⇨ _____ 또는 _____(2회 이상 경쟁입찰이 유찰된 경우로 한정한다)의 방법으로 건설사업자 또는 등록사업자를 시공자로 선정하여야 한다.

06. **조합원[100명 이하]** ⇨ ____에 따라 ⇨ 선정할 수 있다.

07. **재개발사업**을 토지등소유자가 시행하는 경우에는 사업시행계획인가를 받은 후 ____에 따라 건설사업자 또는 등록사업자를 **시공자로 선정**하여야 한다.

08. 사업시행자[사업대행자 포함]는 선정된 시공자와 공사에 관한 계약을 체결할 때에는 기존 건축물의 ____공사에 관한 사항을 포함하여야 한다.

THEMA 36 정비조합 ▶7주차

01. **조합설립추진위원회**: 정비구역지정 고시 후 위원장을 포함한 5**명** 이상 위원과 추진위원회의 운영규정에 대하여 토지등소유자 과반수의 동의를 받아 시장·군수등의 승인을 받아야 한다. 다만, 공공지원하려는 경우 추진위원회를 구성하지 아니할 수 있다.

02. 정비사업전문관리업자 선정은 경쟁입찰 또는 수의계약(2회 이상 경쟁입찰이 유찰된 경우로 한정한다)의 방법으로 선정하여야 한다.

03. **추진위원회 조직**: 위원장 1인과 감사를 둔다.

04. **조합원**: 토지등소유자 ⇨ 재건축사업은 조합설립에 동의한 자만 조합원

05. **정비사업의 조합설립**: **시장·군수 등 인가**

재개발 사업		토지등소유자의 3/4 이상 및 면적의 1/2 이상의 소유자의 동의 ⇨ 변경시 조합원의 2/3
재건축 사업 주택 단지	내	각 동별 구분소유자의 과반수 동의 전체 소유자 3/4 이상 + 면적 3/4 이상 ⇨ 변경시 조합원의 2/3 이상의 동의
	외	소유자 3/4 이상 + 면적 2/3 이상 동의

06. **정관 변경시 총회에서 조합원** 2/3 **이상 동의** ⇨ 조합원의 자격, 제명 탈퇴 및 교체, 조합의 비용부담 및 조합의 회계, 정비사업비의 부담 시기 및 절차, 정비구역의 위치 및 면적, 시공자·설계자의 선정 및 계약서에 포함될 내용

07. **법적성격**: 공법상 사단법인[민법의 사단법인 준용] ⇨ 인가를 받은 날부터 30일 이내 **등기함**으로 **성립**한다.

08. **총회**: 총회에서 의결시 조합원의 10%[창립총회, 시공자 선정 취소를 위한 총회, 사업시행계획서의 작성 및 변경, 관리처분계획의 수립 및 변경, 정비사업비의 사용 및 변경을 위하여 개최하는 총회 등의 경우 ⇨ 조합원 20%] 이상이 직접 출석하여야 한다. 다만, 시공자의 선정을 의결하는 총회의 경우에는 조합원의 과반수가 직접 출석하여야 한다.

THEMA 36 정비조합 ▶7주차

01. **조합설립추진위원회**: 정비구역지정 고시 후 위원장을 포함한 ☐**명** 이상 위원과 추진위원회의 운영규정에 대하여 토지등소유자 ☐의 동의를 받아 시장·군수등의 승인을 받아야 한다. 다만, ☐하려는 경우 추진위원회를 구성하지 아니할 수 있다.

02. 정비사업전문관리업자 선정은 ☐ 또는 ☐(2회 이상 경쟁입찰이 유찰된 경우로 한정한다)의 방법으로 선정하여야 한다.

03. **추진위원회 조직**: 위원장 1인과 ☐를 둔다.

04. **조합원**: 토지등소유자 ⇨ ☐은 조합설립에 동의한 자만 조합원

05. **정비사업의 조합설립**: **시장·군수 등 인가**

재개발 사업		토지등소유자의 ☐/☐ 이상 및 면적의 ☐/☐ 이상의 소유자의 동의 ⇨ 변경시 조합원의 ☐/☐
재건축 사업 주택 단지	내	각 동별 구분소유자의 ☐ 동의 전체 소유자 ☐/☐ 이상 + 면적 ☐/☐이상 ⇨ 변경시 조합원의 ☐/☐ 이상의 동의
	외	소유자 ☐/☐ 이상 + 면적 ☐/☐ 이상 동의

06. **정관 변경시 총회에서 조합원** ☐/☐ **이상 동의** ⇨ 조합원의 자격, 제명 탈퇴 및 교체, 조합의 비용부담 및 조합의 회계, 정비사업비의 부담 시기 및 절차, 정비구역의 위치 및 면적, 시공자·설계자의 선정 및 계약서에 포함될 내용

07. **법적성격**: 공법상 사단법인[민법의 사단법인 준용] ⇨ 인가를 받은 날부터 ☐일 이내 **등기함**으로 **성립**한다.

08. **총회**: 총회에서 의결시 조합원의 ☐%[창립총회, 시공자 선정 취소를 위한 총회, 사업시행계획서의 작성 및 변경, 관리처분계획의 수립 및 변경, 정비사업비의 사용 및 변경을 위하여 개최하는 총회 등의 경우 ⇨ 조합원 ☐%] 이상이 직접 출석하여야 한다. 다만, 시공자의 선정을 의결하는 총회의 경우에는 조합원의 과반수가 직접 출석하여야 한다.

09. **대의원회** : 조합원이 [100]명 이상인 조합은 대의원회[1/10 이상]를 두어야 한다. ⇨ [조합장]이 아닌 조합임원[이사, 감사]은 대의원이 될 수 없다.

10. 조합장 또는 이사의 자기를 위한 조합과의 계약이나 소송 ⇨ [감사]가 조합을 대표한다.

11. **추진위원 · 조합임원결격사유**[조합원 ×] : 이 법을 위반하여 벌금 100만원 이상의 형을 선고받고 [10]년이 지나지 아니한 자, 조합설립 인가권자에 해당하는 지방자치단체의 장, 지방의회의원 또는 그 배우자 · 직계존속 · 직계비속 ⇨ [당연 퇴임]한다. ⇨ 퇴임된 임원이 퇴임 전에 관여한 행위는 효력을 [잃지 아니한다].

12. 시장 · 군수 등이 전문조합관리인을 선정한 경우 전문조합관리인이 업무를 대행할 임원은 [당연 퇴임]한다.

13. **임원** : 조합장 1인, 이사, 감사 ⇨ **겸직을** [금지]한다.
조합은 조합원으로서 정비구역에 위치한 건축물 또는 토지(재건축사업의 경우에는 건축물과 그 부속토지를 말한다)를 소유한 자[하나의 건축물 또는 토지의 소유권을 다른 사람과 공유한 경우에는 [가장 많은 지분]을 소유(2인 이상의 공유자가 가장 많은 지분을 소유한 경우를 포함한다)한 경우로 한정한다] 중 다음의 어느 하나의 요건을 갖춘 조합장 1명과 이사, 감사를 임원으로 둔다. 이 경우 조합장은 선임일부터 [관리처분계획인가]를 받을 때까지는 해당 정비구역에서 거주(영업을 하는 자의 경우 영업을 말한다)하여야 한다.

> 1. 정비구역에 위치한 건축물 또는 토지를 [5]년 이상 소유할 것
> 2. 정비구역에서 거주하고 있는 자로서 선임일 직전 3년 동안 정비구역에서 [1]년 이상 거주할 것

14. **임원의 임기** : 조합임원의 임기는 [3]**년 이하**의 범위에서 정관으로 정하되, [연임]할 수 있다. ⇨ 이사의 수 : 3명[100명 초과 : 5명] 이상, 감사의 수는 1명 이상 3명 이하로 한다.

15. **조합원의 지위 양도금지** : **투기과열지구**로 지정된 지역에서 재건축사업을 시행하는 경우에는 [조합설립인가] 후, 재개발사업을 시행하는 경우에는 [관리처분계획의 인가] 후 해당 정비사업의 건축물 또는 토지를 양수(상속 · 이혼으로 인한 양도 · 양수의 경우는 제외한다)한 자는 조합원이 될 수 없다.

---

09. **대의원회** : 조합원이 [ ]명 이상인 조합은 대의원회[1/10 이상]를 두어야 한다. ⇨ [ ]이 아닌 조합임원[이사, 감사]은 대의원이 될 수 없다.

10. 조합장 또는 이사의 자기를 위한 조합과의 계약이나 소송 ⇨ [ ]가 조합을 대표한다.

11. **추진위원 · 조합임원결격사유**[조합원 ×] : 이 법을 위반하여 벌금 100만원 이상의 형을 선고받고 [ ]년이 지나지 아니한 자, 조합설립 인가권자에 해당하는 지방자치단체의 장, 지방의회의원 또는 그 배우자 · 직계존속 · 직계비속 ⇨ [ ]한다. ⇨ 퇴임된 임원이 퇴임 전에 관여한 행위는 효력을 [ ].

12. 시장 · 군수 등이 전문조합관리인을 선정한 경우 전문조합관리인이 업무를 대행할 임원은 [ ]한다.

13. **임원** : 조합장 1인, 이사, 감사 ⇨ **겸직을** [ ]한다.
조합은 조합원으로서 정비구역에 위치한 건축물 또는 토지(재건축사업의 경우에는 건축물과 그 부속토지를 말한다)를 소유한 자[하나의 건축물 또는 토지의 소유권을 다른 사람과 공유한 경우에는 [ ]을 소유(2인 이상의 공유자가 가장 많은 지분을 소유한 경우를 포함한다)한 경우로 한정한다] 중 다음의 어느 하나의 요건을 갖춘 조합장 1명과 이사, 감사를 임원으로 둔다. 이 경우 조합장은 선임일부터 [ ]를 받을 때까지는 해당 정비구역에서 거주(영업을 하는 자의 경우 영업을 말한다)하여야 한다.

> 1. 정비구역에 위치한 건축물 또는 토지를 [ ]년 이상 소유할 것
> 2. 정비구역에서 거주하고 있는 자로서 선임일 직전 3년 동안 정비구역에서 [ ]년 이상 거주할 것

14. **임원의 임기** : 조합임원의 임기는 [ ]**년 이하**의 범위에서 정관으로 정하되, [ ]할 수 있다. ⇨ 이사의 수 : 3명[100명 초과 : 5명] 이상, 감사의 수는 1명 이상 3명 이하로 한다.

15. **조합원의 지위 양도금지** : **투기과열지구**로 지정된 지역에서 재건축사업을 시행하는 경우에는 [ ] 후, 재개발사업을 시행하는 경우에는 [ ] 후 해당 정비사업의 건축물 또는 토지를 양수(상속 · 이혼으로 인한 양도 · 양수의 경우는 제외한다)한 자는 조합원이 될 수 없다.

THEMA 37 사업시행계획인가 · 고시 ▶ 7주차

01. **인가 여부를 결정통보** : 시장 · 군수 등은 특별한 사유가 없으면 사업시행계획서의 제출이 있은 날부터 60 일 이내에 인가 여부를 결정하여 사업시행자에게 통보하여야 한다. [신고를 받은 날부터 20일 이내에 신고수리 여부 통지]

02. **토지등소유자가 재개발사업 시행** : 사업시행계획인가를 신청하기 전에 사업시행계획서에 대하여 토지등소유자의 3/4 이상 및 토지면적의 1/2 이상의 토지소유자의 동의를 받아야 한다(변경은 과반수 동의).

03. **지정개발자의 예치** : 시장 · 군수 등은 재개발사업 의 사업시행계획인가를 하는 경우 해당 정비사업의 사업시행자가 지정개발자(지정개발자가 토지등소유자인 경우로 한정)인 때에는 정비사업비의 100분의 20 의 범위에서 예치하게 할 수 있다.

04. **임시거주시설** : 사업시행자는 주거환경개선사업 및 재개발사업 의 시행으로 철거되는 주택의 소유자 또는 세입자에게 해당 정비구역 안과 밖에 위치한 임대주택 등의 시설에 임시로 거주하게 하거나 주택자금의 융자를 알선하는 등 임시거주에 상응하는 조치를 하여야 한다.

05. **임시상가의 설치** : 재개발사업 의 사업시행자는 사업시행으로 이주하는 상가세입자가 사용할 수 있도록 정비구역 또는 정비구역 인근에 임시상가를 설치할 수 있다.

06. 재건축사업을 시행할 때 **건축물 또는 토지만 소유한 자에게** 매도청구 를 할 수 있다.

07. 조합설립에 동의하지 아니한 자, 시장 · 군수 등 또는 토지주택공사등의 사업시행자 지정에 동의를 하지 아니한 자 ⇨ 사업시행계획인가의 고시가 있은 날부터 30 일 이내에 **동의 여부를 회답**할 것을 서면으로 **촉구** ⇨ 2 개월 이내 **회답** ⇨ 2 개월 이내 **회답하지 아니한 경우** ⇨ 동의하지 아니하겠다는 뜻을 회답한 것으로 본다. ⇨ 2 개월 이내의 회답기간이 지나면 사업시행자는 그 기간이 만료된 때부터 2 개월 이내 ⇨ **매도할 것을 청구**할 수 있다.

08. [주거환경개선사업] 환지방식, 자력개량방법 ⇨ 제 2 종 일반주거지역 의제

09. [주거환경개선사업] 관리처분방법, 수용방식 ⇨ 제 3 종 일반주거지역 의제

10. 주거환경개선사업 은 **국민주택채권의 매입규정은 적용하지 아니한다.**

THEMA 37 사업시행계획인가 · 고시 ▶ 7주차

01. **인가 여부를 결정통보** : 시장 · 군수 등은 특별한 사유가 없으면 사업시행계획서의 제출이 있은 날부터 ___일 이내에 인가 여부를 결정하여 사업시행자에게 통보하여야 한다. [신고를 받은 날부터 20일 이내에 신고수리 여부 통지]

02. **토지등소유자가 재개발사업 시행** : 사업시행계획인가를 신청하기 전에 사업시행계획서에 대하여 토지등소유자의 □/□ 이상 및 토지면적의 □/□ 이상의 토지소유자의 동의를 받아야 한다(변경은 과반수 동의).

03. **지정개발자의 예치** : 시장 · 군수 등은 _____ 의 사업시행계획인가를 하는 경우 해당 정비사업의 사업시행자가 지정개발자(지정개발자가 토지등소유자인 경우로 한정)인 때에는 정비사업비의 100분의 ___ 의 범위에서 예치하게 할 수 있다.

04. **임시거주시설** : 사업시행자는 _____ 및 _____ 의 시행으로 철거되는 주택의 소유자 또는 세입자에게 해당 정비구역 안과 밖에 위치한 임대주택 등의 시설에 임시로 거주하게 하거나 주택자금의 융자를 알선하는 등 임시거주에 상응하는 조치를 하여야 한다.

05. **임시상가의 설치** : _____ 의 사업시행자는 사업시행으로 이주하는 상가세입자가 사용할 수 있도록 정비구역 또는 정비구역 인근에 임시상가를 설치할 수 있다.

06. 재건축사업을 시행할 때 **건축물 또는 토지만 소유한 자에게** _____ 를 할 수 있다.

07. 조합설립에 동의하지 아니한 자, 시장 · 군수 등 또는 토지주택공사등의 사업시행자 지정에 동의를 하지 아니한 자 ⇨ 사업시행계획인가의 고시가 있은 날부터 ___일 이내에 **동의 여부를 회답**할 것을 서면으로 **촉구** ⇨ □개월 이내 **회답** ⇨ □개월 이내 **회답하지 아니한 경우** ⇨ 동의하지 아니하겠다는 뜻을 회답한 것으로 본다. ⇨ □개월 이내의 회답기간이 지나면 사업시행자는 그 기간이 만료된 때부터 □개월 이내 ⇨ **매도할 것을 청구**할 수 있다.

08. [주거환경개선사업] 환지방식, 자력개량방법 ⇨ 제□종 일반주거지역 의제

09. [주거환경개선사업] 관리처분방법, 수용방식 ⇨ 제□종 일반주거지역 의제

10. _____ 은 **국민주택채권의 매입규정은 적용하지 아니한다.**

01. **통지**: 사업시행자는 사업시행계획인가 고시가 있는 날(사업시행계획인가 이후 시공자를 선정한 경우에는 시공자와 계약을 체결한 날)부터 120 일 이내에 분양대상자별 분담금의 추산액, 분양신청기간 등을 토지등소유자에게 통지하고, 분양의 대상이 되는 대지 또는 건축물의 내역 등을 해당 지역에서 발간되는 일간신문에 공고하여야 한다. 다만, 토지등소유자 1 인이 시행하는 재개발사업의 경우에는 그러하지 아니하다.

02. **투기과열지구**의 정비사업에서 관리처분계획에 따라 분양대상자 및 그 세대에 속한 자는 **분양대상자 선정일**(조합원 분양분의 분양대상자는 최초 관리처분계획 인가일)부터 5 년 이내에는 투기과열지구에서 **분양신청을 할 수 없다**. 다만, 상속, 결혼, 이혼으로 조합원자격을 취득한 경우에는 분양신청을 할 수 있다.

03. **손실보상에 관한 협의**: 사업시행자는 **관리처분계획 인가·고시된 날의 다음 날**로부터 90 일 이내에 분양신청을 하지 아니한 자, 분양신청기간 종료 이전에 **분양신청을 철회한 자** 또는 관리처분계획에 따라 **분양대상에서 제외된 자**, 분양대상자 선정일부터 5 년 이내 투기과열지구에서 분양신청을 할 수 없는 자와 토지·건축물 또는 그 밖의 권리의 손실보상에 관한 협의를 하여야 한다.

04. **재결신청 또는 매도청구소송 제기**: 사업시행자는 협의가 성립되지 아니하면 그 기간의 만료일 다음 날부터 60 일 이내에 **수용재결을 신청하거나 매도청구소송을 제기**하여야 한다.

05. **재산 또는 권리의 평가방법**
　재건축사업 : 시장·군수 등이 **선정·계약한 1인 이상** 감정평가법인 등과 **조합총회 의결**로 정하여 선정·계약한 1인 이상의 감정평가액을 산술평균하여 산정한다.
　주거환경개선사업 또는 재개발사업 : 시장·군수 등이 선정·계약한 2인 이상의 감정평가법인 등이 평가한 금액을 산술평균하여 산정한다.

THEMA 38 관리처분계획 ▶ 7주차

01. **통지**: 사업시행자는 사업시행계획인가 고시가 있는 날(사업시행계획인가 이후 시공자를 선정한 경우에는 시공자와 계약을 체결한 날)부터 □ 일 이내에 분양대상자별 분담금의 추산액, 분양신청기간 등을 토지등소유자에게 통지하고, 분양의 대상이 되는 대지 또는 건축물의 내역 등을 해당 지역에서 발간되는 일간신문에 공고하여야 한다. 다만, 토지등소유자 □ 인이 시행하는 재개발사업의 경우에는 그러하지 아니하다.

02. **투기과열지구**의 정비사업에서 관리처분계획에 따라 분양대상자 및 그 세대에 속한 자는 **분양대상자 선정일**(조합원 분양분의 분양대상자는 최초 관리처분계획 인가일)부터 □ 년 이내에는 투기과열지구에서 **분양신청을 할 수 없다**. 다만, 상속, 결혼, 이혼으로 조합원자격을 취득한 경우에는 분양신청을 할 수 □.

03. **손실보상에 관한 협의**: 사업시행자는 **관리처분계획 인가·고시된 날의 다음 날**로부터 □ 일 이내에 분양신청을 하지 아니한 자, 분양신청기간 종료 이전에 **분양신청을 철회한 자** 또는 관리처분계획에 따라 **분양대상에서 제외된 자**, 분양대상자 선정일부터 □ 년 이내 투기과열지구에서 분양신청을 할 수 없는 자와 토지·건축물 또는 그 밖의 권리의 손실보상에 관한 협의를 하여야 한다.

04. **재결신청 또는 매도청구소송 제기**: 사업시행자는 협의가 성립되지 아니하면 그 기간의 만료일 다음 날부터 □ 일 이내에 **수용재결을 신청하거나 매도청구소송을 제기**하여야 한다.

05. **재산 또는 권리의 평가방법**
　□ : 시장·군수 등이 **선정·계약한 1인 이상** 감정평가법인 등과 **조합총회 의결**로 정하여 선정·계약한 1인 이상의 감정평가액을 산술평균하여 산정한다.
　□ 또는 □ : 시장·군수 등이 선정·계약한 2인 이상의 감정평가법인 등이 평가한 금액을 산술평균하여 산정한다.

06. **1주택 공급원칙**: 1세대 또는 1명이 하나 이상의 주택 또는 토지를 소유한 경우 [1]주택을 공급하고, 같은 세대에 속하지 아니하는 2명 이상이 1주택 또는 1토지를 공유한 경우에는 [1]주택만 공급한다. 다만, 2명 이상이 1[토지]를 공유한 경우로서 시·도조례로 주택공급을 따로 정하고 있는 경우에는 시·도조례로 정하는 바에 따라 주택을 공급할 수 있다.

07. **과밀억제권역에 위치한 재건축사업은 [3]주택까지 공급**할 수 있다. 다만, 투기과열지구 또는 조정대상지역에서 사업시행계획인가를 신청하는 재건축사업의 경우에는 그러하지 아니다.

08. **과밀억제권역에 위치하지 [아니하는] 재건축사업의 토지등소유자는 소유한 주택의 [수]만큼 공급**할 수 있다. 다만, 투기과열지구 또는 조정대상지역에서 사업시행계획인가를 신청하는 재건축사업의 경우에는 제외한다.

09. **관리처분계획인가·고시가 있은 때에는 종전 토지 또는 건축물의 소유자·지상권자·전세권자 등 권리자는 소유권 이전의 고시가 있는 날까지 종전의 토지 또는 건축물을 사용·수익할 수 [없다]. 다만, 사업시행자 동의를 받거나 손실보상이 완료되지 아니한 권리자의 경우에는 사용·수익할 수 있다.

10. **시장·군수 등이 아닌 사업시행자**: 준공인가 신청을 받은 시장·군수 등의 준공검사 실시 ⇨ 준공인가 ⇨ 공사완료 고시 ⇨ 이전고시일의 [다음 날]에 대지 또는 건축물에 대한 소유권을 **취득**한다.

11. 정비구역의 지정은 준공인가의 고시가 있는 날(관리처분계획을 수립하는 경우에는 이전고시가 있은 때를 말한다)의 [다음 날]에 해제된 것으로 본다.
  ⇨ 정비구역의 해제는 조합의 존속에 영향을 주지 [아니한다].
  ⇨ 소유권 이전의 고시가 있은 때에는 [지체 없이] 등기를 촉탁 또는 신청
  ⇨ 이전의 등기가 있을 때까지는 저당권 등의 다른 등기를 하지 [못한다].

12. **청산금**: 일괄징수·일괄교부 ⇨ 예외: 분할징수·분할교부할 수 있다.
  ⇨ **소[5]멸시효**: 청산금을 지급 받을 권리 또는 이를 징수할 권리는 이전의 고시일 [다음 날]부터 [5]년 간 이를 행사하지 아니하면 소멸한다.

13. **물상대위**: 정비구역에 있는 토지 또는 건축물에 저당권을 설정한 권리자는 저당권이 설정된 토지 또는 건축물의 소유자가 지급받을 청산금에 대하여 청산금을 지급하기 [전]에 압류절차를 거쳐 저당권을 행사할 수 있다.

06. **1주택 공급원칙**: 1세대 또는 1명이 하나 이상의 주택 또는 토지를 소유한 경우 [ ]주택을 공급하고, 같은 세대에 속하지 아니하는 2명 이상이 1주택 또는 1토지를 공유한 경우에는 [ ]주택만 공급한다. 다만, 2명 이상이 1[   ]를 공유한 경우로서 시·도조례로 주택공급을 따로 정하고 있는 경우에는 시·도조례로 정하는 바에 따라 주택을 공급할 수 있다.

07. **과밀억제권역에 위치한 재건축사업은 [ ]주택까지 공급**할 수 있다. 다만, 투기과열지구 또는 조정대상지역에서 사업시행계획인가를 신청하는 재건축사업의 경우에는 그러하지 아니다.

08. **과밀억제권역에 위치하지 [   ] 재건축사업의 토지등소유자는 소유한 주택의 [ ]만큼 공급**할 수 있다. 다만, 투기과열지구 또는 조정대상지역에서 사업시행계획인가를 신청하는 재건축사업의 경우에는 제외한다.

09. **관리처분계획인가·고시가 있은 때에는 종전 토지 또는 건축물의 소유자·지상권자·전세권자 등 권리자는 소유권 이전의 고시가 있는 날까지 종전의 토지 또는 건축물을 사용·수익할 수 [   ]. 다만, 사업시행자 동의를 받거나 손실보상이 완료되지 아니한 권리자의 경우에는 사용·수익할 수 있다.

10. **시장·군수 등이 아닌 사업시행자**: 준공인가 신청을 받은 시장·군수 등의 준공검사 실시 ⇨ 준공인가 ⇨ 공사완료 고시 ⇨ 이전고시일의 [   ]에 대지 또는 건축물에 대한 소유권을 **취득**한다.

11. 정비구역의 지정은 준공인가의 고시가 있는 날(관리처분계획을 수립하는 경우에는 이전고시가 있은 때를 말한다)의 [   ]에 해제된 것으로 본다.
  ⇨ 정비구역의 해제는 조합의 존속에 영향을 주지 [   ].
  ⇨ 소유권 이전의 고시가 있은 때에는 [   ] 등기를 촉탁 또는 신청
  ⇨ 이전의 등기가 있을 때까지는 저당권 등의 다른 등기를 하지 [   ].

12. **청산금**: 일괄징수·일괄교부 ⇨ 예외: 분할징수·분할교부할 수 있다.
  ⇨ **소[ ]멸시효**: 청산금을 지급 받을 권리 또는 이를 징수할 권리는 이전의 고시일 [   ]부터 [ ]년 간 이를 행사하지 아니하면 소멸한다.

13. **물상대위**: 정비구역에 있는 토지 또는 건축물에 저당권을 설정한 권리자는 저당권이 설정된 토지 또는 건축물의 소유자가 지급받을 청산금에 대하여 청산금을 지급하기 [ ]에 압류절차를 거쳐 저당권을 행사할 수 있다.

THEMA 39 — 농지소유상한, 농지취득자격증명 ▶ 8주차

01. **상속**으로 농지를 취득한 자로서 농업경영을 하지 아니하는 자는 그 상속 농지 중에서 총 ①만m²까지만 소유할 수 있다.

02. ⑧년 이상 농업경영을 한 후 이농한 자는 이농 당시 소유농지 중에서 총 ①만m²까지만 소유할 수 있다.

03. **주말 · 체험영농**을 하려는 자는 총 ①천m² 미만의 **농업진흥지역** 외의 농지를 소유할 수 있다. 면적 계산은 세대원 전부가 소유하는 총 면적으로 한다.

04. **농업인, 농업법인, 국가, 지방자치단체**는 농지를 제한없이 소유할 수 있다.

05. **농지취득자격증명**[7일(농지위원회의 심의 대상의 경우에는 14일)]: **농업인, 농업법인**도 농지취득자격증명을 발급받는다. ⇨ 농지소재지를 관할하는 시장, 구청장, 읍장 또는 면장에게서 농지취득자격증명을 발급받아야 한다.

06. **국가, 지방자치단체, 농지전용**협의, 담보농지, **상속, 농업법인의** 합병, 시효의 완성은 농지취득자격증명을 발급받지 아니하고 농지를 취득할 수 있다.

07. **농업경영계획서 또는 주말 · 체험영농계획서의 작성면제, 농지취득자격증명 발급**[4일 내 통지] ⇨ **농지전용**허가 · **농지전용**신고 한 자가 농지 소유(주말 · 체험영농 ⇨ 주말 · 체험영농계획서를 작성하여 농취증을 발급받는다.)

08. 농지의 소유자는 처분명령을 받은 때에는 한국농어촌공사에게 **매수청구**할 수 있으며, 한국농어촌공사는 매수청구를 받으면 공시지가를 기준으로 해당 농지를 매수할 수 있다. 이 경우 인근 지역의 실제 거래 가격이 공시지가보다 낮으면 실제 거래 가격을 기준으로 매수할 수 있다.

09. 시장 · 군수 또는 구청장은 질병, 징집 등 정당한 사유 없이 지정기간까지 처분명령을 이행하지 아니한 자에게 감정가격 또는 개별공시지가 중 더 높은 가액의 100분의 25에 해당하는 이행강제금을 부과 ⇨ 매년 **1회** 부과

10. **대리경작자**(따로 정함이 없는 한 **3년**)는 대리경작농지에서 경작한 농작물의 수확량의 100분의 10을 수확일부터 ②개월 이내에 그 농지의 소유권자나 임차권자에게 토지사용료로 지급하여야 한다.

11. 임대차 기간은 ③년 이상[자경농지를 이모작(⑧개월 이내), 다년생식물 재배지, 고정식온실, 비닐하우스는 ⑤년 이상]으로 하여야 한다.

THEMA 39 — 농지소유상한, 농지취득자격증명 ▶ 8주차

01. **상속**으로 농지를 취득한 자로서 농업경영을 하지 아니하는 자는 그 상속 농지 중에서 총 ☐만m²까지만 소유할 수 있다.

02. ☐년 이상 농업경영을 한 후 이농한 자는 이농 당시 소유농지 중에서 총 ☐만m²까지만 소유할 수 있다.

03. **주말 · 체험영농**을 하려는 자는 총 ☐m² 미만의 **농업진흥지역** ☐의 농지를 소유할 수 있다. 면적 계산은 세대원 전부가 소유하는 총 면적으로 한다.

04. **농업인, 농업법인, 국가, 지방자치단체**는 농지를 ☐없이 소유할 수 있다.

05. **농지취득자격증명**[7일(농지위원회의 심의 대상의 경우에는 14일)]: **농업인, 농업법인**도 농지취득자격증명을 발급받는다. ⇨ 농지소재지를 관할하는 ☐, ☐, ☐ 또는 ☐에게서 농지취득자격증명을 발급받아야 한다.

06. **국가, 지방자치단체, 농지전용**☐, 담보농지, **상속, 농업법인의** ☐, 시효의 완성은 농지취득자격증명을 발급받지 아니하고 농지를 취득할 수 있다.

07. **농업경영계획서 또는 주말 · 체험영농계획서의 작성면제, 농지취득자격증명 발급**[4일 내 통지] ⇨ **농지전용**☐ · **농지전용**☐ 한 자가 농지 소유(주말 · 체험영농 ⇨ 주말 · 체험영농계획서를 작성하여 농취증을 발급받는다.)

08. 농지의 소유자는 처분명령을 받은 때에는 한국농어촌공사에게 **매수청구**할 수 있으며, 한국농어촌공사는 매수청구를 받으면 ☐를 기준으로 해당 농지를 매수할 수 있다. 이 경우 인근 지역의 실제 거래 가격이 ☐보다 낮으면 실제 거래 가격을 기준으로 매수할 수 있다.

09. 시장 · 군수 또는 구청장은 질병, 징집 등 정당한 사유 없이 지정기간까지 처분명령을 이행하지 아니한 자에게 감정가격 또는 개별공시지가 중 더 높은 가액의 100분의 ☐에 해당하는 ☐을 부과 ⇨ 매년 **1회** 부과

10. **대리경작자**(따로 정함이 없는 한 **3년**)는 대리경작농지에서 경작한 농작물의 수확량의 100분의 ☐을 수확일부터 ☐개월 이내에 그 농지의 소유권자나 임차권자에게 토지사용료로 지급하여야 한다.

11. 임대차 기간은 ☐년 이상[자경농지를 이모작(☐개월 이내), 다년생식물 재배지, 고정식온실, 비닐하우스는 ☐년 이상]으로 하여야 한다.

THEMA 40 농업진흥지역, 농지전용허가 ▶ 8주차

01. **농업진흥지역 지정**: 시·도지사는 농지를 효율적으로 이용·보전하기 위하여 농업진흥지역을 지정한다.
   ① **지정대상**: 농업진흥지역의 지정은 녹지지역·관리지역·농림지역 및 자연환경보전지역을 대상으로 한다. 다만, 특별시의 녹지지역을 제외
   ② 농업보호구역: 농업진흥구역의 용수원 확보, 수질보전 등 농업환경을 보호하기 위하여 필요한 지역

02. **매수청구**: 농업진흥지역의 농지를 소유하고 있는 농업인, 농업법인은 한국농어촌공사에 감정평가금액을 기준으로 매수청구할 수 있다.

03. **1필지의 토지가 농업진흥구역과 농업보호구역에 걸치는 경우**: 농업진흥구역에 속하는 토지부분이 330m² 이하인 때에는 해당 토지 부분에 대하여 행위제한을 함에 있어서는 농업보호구역에 관한 규정을 **적용**한대[330m² 초과하면 각각].

04. **1필지의 토지 중 일부가 농업진흥지역에 걸치는 경우**: 농업진흥지역에 속하는 토지의 면적이 330m² 이하이면 그 토지 부분에 대하여는 **농업진흥구역과 농업보호구역의 행위제한 규정을 적용하지** 아니한대[330m² 초과하면 각각].

05. **거짓이나 그 밖의 부정한 방법**으로 허가를 받거나 신고한 것이 판명된 경우에는 농지전용허가를 취소할 수 있다.

06. **허가를 받은 자가 관계 공사의 중지** 등에 따른 조치명령을 위반한 경우에는 농지전용허가를 취소하여야 한다.

07. **타용도 일시사용허가**는 농지보전부담금[1m²당 개별공시지가의 30%]을 농지관리기금을 운용·관리하는 자에게 납부하지 아니한다.

08. **농지전용협의**: 주무부장관 또는 지방자치단체장이 농림축산식품부장관과 농지전용에 관한 협의하여야 한다.

09. 농지를 전용하려는 자는 농지보전부담금의 전부 또는 일부를 농지전용 허가·농지전용신고 전까지 납부해야 한대[납입 조건부허가×].

10. **타용도 일시사용신고[썰매장, 지역축제장]**: 사용기간 6개월 이내[연장할 수 없다.] ⇨ 타용도 일시사용신고나 허가는 농지보전부담금을 납입하지 아니한다.

THEMA 40 농업진흥지역, 농지전용허가 ▶ 8주차

01. **농업진흥지역 지정**: [   ]는 농지를 효율적으로 이용·보전하기 위하여 농업진흥지역을 지정한다.
   ① **지정대상**: 농업진흥지역의 지정은 [ ]지역·[ ]지역·[ ]지역 및 [   ]지역을 대상으로 한다. 다만, 특별시의 녹지지역을 [ ]
   ② [   ]: 농업진흥구역의 용수원 확보, 수질보전 등 농업환경을 보호하기 위하여 필요한 지역

02. **매수청구**: [   ]의 농지를 소유하고 있는 농업인, 농업법인은 한국농어촌공사에 감정평가금액을 기준으로 매수청구할 수 있다.

03. **1필지의 토지가 농업진흥구역과 농업보호구역에 걸치는 경우**: 농업진흥구역에 속하는 토지부분이 330m² 이하인 때에는 해당 토지 부분에 대하여 행위제한을 함에 있어서는 [   ]에 관한 규정을 **적용**한대[330m² 초과하면 각각].

04. **1필지의 토지 중 일부가 농업진흥지역에 걸치는 경우**: 농업진흥지역에 속하는 토지의 면적이 330m² 이하이면 그 토지 부분에 대하여는 **농업진흥구역과 농업보호구역의 행위제한 규정을 적용하지** [   ][330m² 초과하면 각각].

05. **거짓이나 그 밖의 부정한 방법**으로 허가를 받거나 신고한 것이 판명된 경우에는 농지전용허가를 취소 [   ].

06. **허가를 받은 자가 관계 공사의 중지** 등에 따른 조치[ ]을 [ ]한 경우에는 농지전용허가를 취소하여야 한다.

07. **타용도 일시사용허가**는 농지보전부담금[1m²당 개별공시지가의 30%]을 농지관리기금을 운용·관리하는 자에게 납부하지 [   ].

08. **농지전용협의**: [   ] 또는 [   ]이 농림축산식품부장관과 농지전용에 관한 협의하여야 한다.

09. 농지를 전용하려는 자는 농지보전부담금의 전부 또는 일부를 농지전용 허가·농지전용신고 [ ]까지 납부해야 한대[납입 조건부허가×].

10. **타용도 일시사용신고[썰매장, 지역축제장]**: 사용기간 [ ]개월 이내[연장할 수 없다.] ⇨ 타용도 일시사용신고나 허가는 농지보전부담금을 납입하지 아니한다.

THEMA 27 도시개발법 개발계획

☑ **도시개발사업** : 단지 또는 시가지를 조성하는 사업

01. 수립권자 : ⬜⬜⬜⬜ (시 · 도지사, 대도시 시장, 국토교통부장관)

02. 수립시기 : ① 원칙 : [선] 개발계획, [후] 개발구역
② 예외 : [선] 개발구역 지정 ⇨ [후] 개발계획[기습발표 ⇨ 투기차단]

> 1. ⬜⬜ 녹지지역 [보전녹지지역[×] ⇨ 보전관리지역[○]]
> 2. ⬜⬜ 녹지지역[개발구역 지정면적의 30% 이하]
> 3. 도시지역 ⬜⬜ 의 지역[관리지역, 농림지역, 자연환경보전지역]
> 4. 국토교통부장관이 ⬜⬜⬜ 을 위해 중앙행정기관의 장과 협의 지정
> 5. 주거 · 상업 · 공업지역 면적이 ⇨ 전체 면적의 ⬜⬜ % 이하[50% 이하 ×]
> 6. 개발계획 ⬜⬜ 시

03. 동의[환지방식] : 면적 ⬜/⬜ 이상 + 총수 ⬜/⬜ 이상[국가, 지방자치단체는 동의 받지 ⬜⬜⬜⬜ .]

04. 동의자 수의 산정방법

> 1. 토지 면적을 산정하는 경우 : **국공유지를** ⬜⬜
> 2. 공유의 경우 : 대표공유자 1명만을 토지 소유자. 다만, 구분소유자는 ⬜⬜ 을 1명으로 본다.
> 3. ⬜⬜ 한 자 : 동의자 수에서 **제외할 것**
> 4. 어떠한 기준 시점 이후 토지소유자 변경[증가]된 경우 : **기존[이전] 토지소유자 동의서를 기준**
> 5. 동의 순서 : **사유토지** ⇨ 국공유지 관리청 동의
> 6. **1인이 둘 이상 필지의 토지를 단독으로 소유** : 필지의 수에 관계없이 1인

05. 개발계획 내용 : 지구단위계획 ×
개발구역 지정한 후에 개발계획에 포함시킬 수 있다.

> 1. 임대주택(민간 및 공공임대주택)건설계획등 ⬜⬜⬜ 주거 및 생활안정대책
> 2. 순환개발 등 ⬜⬜⬜ 사업추진이 필요한 경우 사업추진 계획 등의 사항
> 3. 도시개발구역 밖의 지역에 기반시설을 설치에 필요한 ⬜⬜ 의 부담 계획
> 4. 수용 또는 사용 대상, 광업권, 어업권, 물의 사용에 관한 권리의 ⬜⬜⬜

THEMA 28 도시개발구역 지정

01. 지정권자 : ① 원칙 : 시 · 도지사, 대도시 시장[시장 · 군수 ×]
② 예외 : **국토교통부장관이 지정할 수 있다.**

> 1. ⬜⬜⬜ 가 도시개발사업을 실시할 필요가 있는 경우
> 2. ⬜⬜⬜ 행정기관의 장[장관]이 요청하는 경우
> 3. 공공기관 또는 **정부출연기관** 장이 30만m² 이상으로 ⬜⬜⬜ 과 관련이 있는 개발 구역의 지정을 제안하는 경우 ⇨ 지방공사(×)
> 4. 시 · 도지사와 대도시 시장의 ⬜⬜⬜ 가 안 된 경우
> 5. ⬜⬜ 그 밖의 사유로 인하여 긴급한 경우

02. 면적 : **도시지역** ⇨ 주거지역, 상업지역, 생산녹지지역, 자연녹지지역 : ⬜만m² 이상 / 공업지역 : ⬜만m² 이상 / 결합개발, 분할개발[1만m² 이상] 가능

03. ⬜⬜ 만m² 미만 : 일간신문에 공고 × ⇨ 공보와 인터넷 홈페이지에 공고
⬜⬜ 만m² 이상 : 도시개발구역 지정시 국토교통부장관과 협의하여야 한다.
⬜⬜ 만m² 이상 : 공람기간 끝난 후에 공청회를 개최하여야 한다.

04. 지정 효과 : ① 도시지역과 지구단위계획구역 의제
② ⬜⬜⬜⬜ 는 도시지역 ×, 지구단위계획구역 ×

05. 개발행위 허용사항 : 허가 받지 아니하고 할 수 있다.

> 1. ⬜⬜⬜ 등 응급조치, ⬜⬜ 을 위한 토지의 형질변경
> 2. ⬜⬜ 수산물의 생산에 직접 이용되는 것으로서 간이공작물의 설치
> 3. 개발에 ⬜⬜ 을 주지 아니하고 경관을 손상하지 아니하는 범위 토석채취
> 4. ⬜⬜ 로 결정된 대지에서 물건을 쌓는 행위
> 5. 관상용 죽목의 임시식재[⬜⬜ 에서의 **임시식재 제외한다.** ⇨ 허가 ○]

06. 법정해제 간주사유[다음 날] ⇨ 공사완료로 해제의제 ⇨ 환원(×), 폐지(×)

> 1. 수용사용방식 ⇨ 공사완료공고일 ⬜⬜ [존속] ⇨ 환원 ×
> 2. 환지방식 ⇨ 환지처분공고일 ⬜⬜ [존속] ⇨ 환원 ×
> 3. 선)개발구역, 후) 개발계획 : 개발계획수립 × ⇨ 2년[330만 이상이면 5년] 이 되는 날의 ⬜⬜ , 실시계획 인가를 신청 × ⇨ 3년[330만 이상이면 5년] 이 되는 날의 ⬜⬜ 실효 · **용도지역은 환원, 지구단위계획구역은 폐지된 것으로 본다.**

THEMA
29 **도시개발조합**

01. **조합[법인 = 회사]설립인가**: 토지소유자 ☐**명 이상**이 정관을 작성하여 ⇨ 지정권자 인가 ⇨ **주된 사무소 소재지 변경**, 공고방법 변경은 ☐

02. **조합설립 동의요건**: 토지면적의 ☐/☐ 이상**과** [**또는**×] 토지소유자 총수의 ☐/☐ 이상 동의[국공유지 포함] ⇨ 토지소유자는 **조합 설립인가의 신청** ☐ [조합 설립인가에 동의한 자로부터 토지를 취득한 자는 조합 설립인가 신청 ☐]에 동의를 **철회**할 수 있다.

03. **공법상 사단법인**: 민법의 사단법인 규정 준용 ⇨ 인가 후 **30일 이내 설립** ☐**하면 성립**된다.

04. **조합원**: ☐가 조합원[건축물 소유자 ×] ⇨ 조합설립에 동의 안 해도 당연 조합원 ⇨ 보유토지의 면적[**비례** ×]에 관계없는 ☐한 의결권

05. **조합**의 ☐[**조합장, 이사, 감사 = 조합원 = 토지소유자**]의 **결격사유**[제한능력자, 파산자, 금고 이상의 형을 선고받고 2년 지나지 아니한 자, 집행유예 중에 있는 자] ⇨ 결격사유에 해당하게 된 경우에는 그 ☐ **임원의 자격을 상실**한다. [**임원의 겸직을** ☐**한다.**]

06. 조합장 또는 이사의 자기를 위한 조합과의 계약이나 소송 ⇨ ☐**가 조합을 대표**한다.

07. **대의원회**: 의결권을 가진 조합원 수가 ☐**인 이상**인 조합은 **대의원회를 둘 수 있다.** ⇨ 대의원의 수는 100분의 10 이상으로 한다.

08. **대의원회의 총회 대행 불가 사유[정개조조환지]**

> ⇨ ☐관변경
> ⇨ ☐발계획의 수립·변경[실시계획의 수립은 대행할 수 있다.]
> ⇨ ☐합임원[조합장, 이사, 감사]의 선임
> ⇨ ☐합의 합병 또는 해산
> ⇨ ☐계획 작성[환지예정지는 대행할 수 있다.]
> ⇨ 총회만 행사할 수 있다.

THEMA
30 **실시계획**

01. 시행자는 도시개발사업에 관한 실시계획(설계도서, 자금계획, 시행기간)을 작성하여야 한다. ⇨ 실시계획은 ☐ 에 부합하게 작성하여야 한다. ⇨ 실시계획에는 ☐이 포함되어야 한다.

02. **실시계획**을 ☐한 경우 ⇨ **도시·군관리계획[지구단위계획 포함]이 결정·고시**된 것으로 본다.
> ⇨ 이 경우 종전에 도시·군관리계획으로 결정된 사항 중 고시내용에 저촉되는 사항은 ☐된 내용으로 변경된 것으로 본다.
> ⇨ 인가·허가 등 의제시 관계 행정기관의 장은 협의 요청을 받은 날부터 ☐일 이내 의견을 제출하여야 한다.

03. **실시계획** ⇨ **지정권자의 인가**
> ① 국토교통부장관인 지정권자는 ☐ 또는 ☐의 의견을 미리 들어야 한다.
> ② 시·도지사인 지정권자는 ☐(대도시 시장 제외)·☐·☐의 의견을 미리 들어야 한다.
> ③ **경미한 변경**: 사업시행면적의 100분의 10의 범위에서의 면적의 ☐, 사업비의 100분의 10의 범위에서의 사업비의 ☐은 실시계획의 변경에 관하여 변경인가를 받지 아니한다.

THEMA 31 수용 · 사용방식

01. 수용 · 사용방식[수집] : [   ]인 조성 · 공급이 필요한 경우에 시행한다.

02. 토지 등의 수용 또는 사용

① **민간시행자[조합제외]** : 사업대상 토지면적 □/□ 이상 소유 + 토지소유자 총수의 □/□ 이상의 동의를 받아야 한다.

② **특례** : ⓐ [   ] **고시** ⇨ **사업인정 · 고시의제** ⓑ **재결신청** : 사업시행기간 종료일까지[공취법을 준용한다.]

03. 토지상환채권 : 토지소유자가 □[수의계약]하는 경우 매수대금의 일부[발행규모는 □/□ **초과** 금지]를 토지 · 건물로 상환하는 채권 ⇨ **[국가, 지자체 등]시행자가 발행** ⇨ **승인권자**[지정권자] ⇨ **민간시행자**[지급 [   ]] ⇨ **발행방법** : [   ][양도 [   ]] ⇨ **이율결정** : [   ]가 정한다.

04. 원형지의 공급과 개발

① **시행자는** 지정권자의 승인을 받아 국가 또는 지방자치단체, 공공기관, 지방공사**[정부출연기관 ×]**, 공모에서 선정된 자, [   ]나 [   ]부지로 직접 사용하는 자에게 원형지 공급 ⇨ 면적 □/□ 이내 ⇨ 조건부 승인할 수 있다.

② **매각제한** : 원형지개발자[[   ] **및** [   ] 제외]는 10년 범위에서 공사완료 **공고일부터** [   ]년 또는 원형지 공급 **계약일부터** [   ]년 기간 중 먼저 끝나는 기간 안에는 원형지를 매각할 수 **없다.**

③ **원형지공급가격** : 개발계획이 반영된 원형지의 [   ]에 시행자가 원형지에 설치한 기반시설 등의 [   ]를 더한 금액을 기준으로 시행자와 원형지개발자가 [   ]하여 결정한다.

05. 수용 · 사용방식의 가격평가

① 원칙 ⇨ [   ]

② 예외 ⇨ [   ] **이하**[학교, 공공청사, 사회복지시설(무료), 공장, 임대주택]로 정할 수 있다. 다만, 공공시행자에게 임대주택 건설용지를 공급하는 경우에는 해당 토지의 가격을 감정평가한 가격 이하로 [   ].

06. 공급방법 ⇨ **예외[**[   ]**방식(당구공~)]** : 330m²이하 □독주택, □민주택규모 주택건설용지, □공택지, □장용지, 수의계약방법으로 공급하기로 하였으나 공급신청량이 공급계획에서 제한된 면적을 초과하는 경우

THEMA 32 환지방식

01. 환지계획 작성기준 [[   ][시행자 ×]]

① 위치 · 지목 · 면적 · 토질 · 수리 · 이용상황 · 환경 등을 종합적으로 고려

② **동의 · 신청에 의한 환지 부지정** : [   ] 동의 ⇨ 30일 이상의 기간을 정하여 통지하여야 한다.

02. 가격평가 : 감정가격 + 토지평가협의회의 [   ]를 거쳐 결정한다.

03. 환지계획 인가권자 : 행정청이 아닌 시행자 ⇨ [   ] · [   ] · [   ] · [   ]

04. 환지처분의 효과 : 취득[다음 날], 소멸[끝나는 때]

환지처분 공고일	
권리소멸	권리취득[종전토지로 본다.]
끝나는 때	[ ]

1. **지역권** : 종전토지에 [   ] ⇨ 행사할 이익이 없어진 지역권 ⇨ 공고 있은 날이 끝나는 때에 [   ]한다.

2. **행정상 · 재판상의 처분** ⇨ 종전토지에 [   ]한다. 경제적 가치를 목적 ⇨ 환지로 이전한다.

3. **입체환지** : 건축물의 일부와 해당 건축물이 있는 토지의 공유지분을 환지처분이 공고된 날의 [   ]에 취득한다.

4. **체비지 · 보류지** : 체비지는 [   ]가, 보류지는 환지계획에서 [   ]가 환지처분의 공고가 있은 날의 다음 날에 그 소유권을 취득한다. 다만, 이미 처분된 체비지는 매입한 자가 소유권[   ]를 마친 때에 이를 취득한다.

05. 청산금 결정시기 : 청산금은 [   ]을 하는 때에 이를 결정하여야 한다.

06. 청산금의 확정 : 환지처분의 공고가 있은 날의 [   ]에 확정된다.

07. 도시개발채권의 발행권자[조합×] : [   ]가 발행[발행방법, 총액 등 행정안전부장관의 승인] ⇨ 소5멸시효는 상환일부터 기산하여 원금은 □년, 이자는 □년 ⇨ 전자등록 또는 [   ]으로 발행 ⇨ 상환기간은 □년부터 □년까지의 범위에서 지방자치단체의 조례로 정한다.

THEMA 33 도시 및 주거환경정비법 용어정의

01. 용어정의

구 분	정비기반시설의 상태
☐ [달동네]	• 도시저소득 주민이 집단거주하는 지역으로서 정비기반시설이 극히 **열악**하고 노후 · 불량건축물이 과도하게 밀집한 지역의 주거환경을 개선하는 사업 • 단독주택 및 다세대주택 등이 밀집한 지역에서 정비기반시설과 공동이용시설의 확충을 통하여 주거환경을 **보전 · 정비 · 개량**하는 사업
☐	• 정비기반시설이 **열악**하나 노후 · 불량건축물이 밀집한 지역에서 주거환경을 개선하는 사업 • **상업지역 · 공업지역**에서 도심 또는 부도심 등 도시기능의 회복 및 상권활성화 등을 위하여 도시환경을 개선하는 사업
☐	정비기반시설은 **양호**하나 노후 · 불량건축물에 해당하는 공동주택이 밀집한 지역에서 주거환경을 개선하기 위한 사업

02. ☐ : 도로 · 상하수도 · 구거(도랑) · 공원 · 광장 · 공용주차장 · 공공공지 · 공동구, 열 · 가스 등의 공급시설을 말한다.

03. 공동이용시설: **주민이 공동**으로 사용하는 ☐ · ☐ · ☐ · 구판장 · 탁아소 · 세탁장 · 어린이집 · 경로당 · 화장실 · 수도 등을 말한다.

04. 토지등소유자[위탁자 = 토지등소유자 ⇨ 전세권자 ×, 저당권자 ×, 지역권자 ×]

구 분	토지등소유자		지상권자
	토지소유자	건축물소유자	
주거환경개선사업	[정비구역]○	또는 ○ 또는	○
재개발사업	[정비구역]○	또는 ○ 또는	○
재건축사업	[정비구역]○	및 ○	[ ]
	토지 ☐ 건축물소유자		

05. 노후 · 불량건축물: 도시미관을 저해하거나 노후화된 건축물로서 준공된 후 ☐년 이상 ☐년 이하의 범위에서 조례로 정하는 기간이 지난 건축물은 노후 · 불량건축물이다. [보수보강 = 4자 = 40년]

THEMA 34 정비기본계획, 정비계획, 정비구역

01. 정비기본계획: 특별시장 · 광역시장 · 특별자치시장 · 특별자치도지사 · 시장[군수 ×]이 수립 ⇨ ☐년 단위의 정비예정인 구역의 개략적 범위와 단계별 정비사업추진계획을 정하는 계획 ⇨ 건폐율 · 용적률 등 건축물의 ☐계획 포함 ⇨ ☐년 마다 타당성 검토

02. ☐가 기본계획을 수립할 필요가 없다고 인정하는 시[대도시가 아닌 지역]에 대하여는 **기본계획을 수립하지 아니할 수** 있다. ⇨ 대도시 시장이 아닌 시장은 기본계획을 수립시 ☐의 **승인**을 받아야 한다.

03. 작성기준 · 작성방법: ☐이 정한다.

04. 기본계획을 수립하려는 경우에는 ☐일 이상 ☐에게 공람하여 의견을 들어야 하며, 제시된 의견이 타당하다고 인정되면 반영하여야 한다.

☑ **재건축사업의 안전진단**

05. 안전진단: **정비계획의 입안권자**는 재건축사업의 정비계획의 수립시기가 도래한 때, 입안을 제안하기 전에 ☐/☐ **이상**의 동의를 받아 안전진단을 요청하는 때 안전진단을 실시하여야 한다.

06. 재건축사업의 안전진단대상: 주택단지 내 건축물
☐등으로 주택이 붕괴되어 신속히 재건축을 추진 ⇨ 구조안전상 ☐ ⇨ 노후 · 불량건축물 수에 관한 기준을 충족한 경우 ☐ ⇨ 진입도로 등 기반시설 설치를 위하여 불가피하게 정비구역에 포함된 것으로 **입안권자가 인정**하는 건축물, 안전등급이 D (미흡) 또는 E (불량)인 건축물은 **안전진단 대상에서 제외**할 수 있다.

07. 실시 여부를 결정통보: 요청일로부터 ☐일 이내 실시 여부 결정하여 통보 [주의] 30일 이내 실시[×]

08. 비용부담: 안전진단 실시를 ☐[1/10]하는 자에게 부담시킬 수 있다.

09. 취소요청: 시 · 도지사는 적정성 검토결과에 따라 입안권자에게 정비계획 입안결정의 ☐ 등 필요한 조치를 ☐할 수 있으며, 정비계획의 입안권자는 특별한 사유가 없으면 그 요청에 따라야 한다.

10. **정비계획 입안절차**: ① 정비계획 수립 ⇨ ② 서면 통보 후 [_____] 및 30일 이상 공람[세입자 포함] ⇨ ③ 지방의회 의견청취[60일 이내] ⇨ ④ 정비구역[구청장 등 ⇨ 특별시장·광역시장에게]지정을 신청하여야 한다.

11. **정비구역에서 개발행위 허용사항**: 허가를 받지 아니하고 이를 할 수 있다.
    ① 재해복구 또는 재난수습에 필요한 [_____]를 위하여 하는 행위
    ② 기존 건축물의 붕괴 등 안전사고의 우려가 있는 경우 해당 건축물에 대한 [_____]를 위한 행위
    ③ [___]을 위한 토지의 형질변경
    ④ [___]수산물 생산에 직접 이용되는 간이공작물[비닐하우스, 종묘배양장, 건조장, 탈곡장]의 설치
    ⑤ 개발에 [___]을 주지 아니하고 자연경관을 손상하지 아니하는 범위의 토석채취
    ⑥ 정비구역에 [_____]로 결정된 대지에 물건 쌓아놓는 행위
    ⑦ 관상용 죽목의 임시식재[[___]에서의 임시식재는 허가를 받아야 한다.]

12. **정비구역해제**[해제 문제 푸는 요령]
    ① **필수적 해제**: 해제하여야 한다.
    추진위(2)원회 보이면 ⇨ [__]년
    추진위원회 안보이면 ⇨ [__]년
    토지등소유자 시행[재개발사업] ⇨ [__]년
    ② **임의적 해제**: 해제할 수 있다.
    토지등소유자의 [___]한 부담이 예상, 추진 상황으로 보아 지정 [___]을 달성할 수 없다고 인정하는 경우, 토지등소유자의 [___]% 이상이 해제를 요청하는 경우, 주거환경개선사업의 **자력개량방식**: 10년 + [___] 동의 추진위원회 구성 또는 조합 설립에 동의한 토지등소유자의 2분의 1 이상 3분의 2 이하의 범위에서 시·도조례로 정하는 비율 이상의 동의로 정비구역의 해제를 요청하는 경우, 추진위원회가 구성되거나 조합이 설립된 정비구역에서 토지등소유자 과반수의 동의로 정비구역의 해제를 요청하는 경우에는 정비구역등을 해제할 수 있다.

01. 정비사업의 시행방법

구 분	환지 방식	자력 개량	수용 방식	혼용 방식	관리 처분계획	대 상
주거환경개선사업						주택 + 부 + 복
재개발사업						건축물
재건축사업						주택 + 부대 + 복리 + 오피스텔

☑ [_____]에 따라 **오피스텔**[건축물 **연면적의 30% 이하**]을 건설하여 공급하는 경우에는 준주거지역 및 상업지역에서 건설할 수 있다.

02. **주거환경개선사업**[수용방법, 환지방법, 관리처분계획 방법]은 토지등소유자의 [__]/[__] 이상의 동의와 세입자 세대수의 [___]의 동의를 각각 받아야 한다. 다만, 세입자의 세대수가 토지등소유자의 [__]/[__] 이하인 경우에는 세입자의 동의절차를 거치지 아니할 수 있다. [천재지변 ⇨ 동의 없이 시행]

03. **재개발사업**은 조합이 단독으로 시행하거나 조합원 과반수의 동의를 받아 조합과 시장·군수·토지주택공사 등·건설업자·등록사업자·[_____]·[_____]과 공동으로 시행할 수 있다.

04. [_____]은 **토지등소유자**가 [___]인 미만인 경우에는 조합설립없이 **토지등소유자**가 시행할 수 있다.

05. **조합**은 **조합설립인가** 받은 후[조합원 100명 초과] ⇨ [_____] 또는 [_____](2회 이상 경쟁입찰이 유찰된 경우로 한정한다)의 방법으로 건설사업자 또는 등록사업자를 시공자로 선정하여야 한다.

06. **조합원**[100명 이하] ⇨ [___]에 따라 ⇨ 선정할 수 있다.

07. **재개발사업**을 토지등소유자가 시행하는 경우에는 사업시행계획인가를 받은 후 [___]에 따라 건설사업자 또는 등록사업자를 **시공자로 선정**하여야 한다.

08. 사업시행자[사업대행자 포함]는 선정된 시공자와 공사에 관한 계약을 체결할 때에는 기존 건축물의 [___]공사에 관한 사항을 포함하여야 한다.

THEMA 36 정비조합

01. 조합설립추진위원회: 정비구역지정 고시 후 위원장을 포함한 ☐**명** 이상 위원과 추진위원회의 운영규정에 대하여 토지등소유자 ☐의 동의를 받아 시장·군수등의 승인을 받아야 한다. 다만, ☐하려는 경우 추진위원회를 구성하지 아니할 수 있다.

02. 정비사업전문관리업자 선정은 ☐ **또는** ☐(2회 이상 경쟁입찰이 유찰된 경우로 한정한다)의 방법으로 선정하여야 한다.

03. 추진위원회 조직: 위원장 1인과 ☐를 둔다.

04. 조합원: 토지등소유자 ⇨ ☐은 조합설립에 동의한 자만 조합원

05. 정비사업의 조합설립: **시장·군수 등 인가**

재개발 사업		토지등소유자의 ☐/☐ 이상 및 면적의 ☐/☐ 이상의 소유자의 동의 ⇨ 변경시 조합원의 ☐/☐
재건축 사업 주택 단지	내	**각 동별** 구분소유자의 ☐ 동의 **전체** 소유자 ☐/☐ 이상 + 면적 ☐/☐이상 ⇨ 변경시 조합원의 ☐/☐ 이상의 동의
	외	소유자 ☐/☐ 이상 + 면적 ☐/☐ 이상 동의

06. 정관 변경시 총회에서 조합원 ☐/☐ 이상 동의 ⇨ 조합원의 자격, 제명 탈퇴 및 교체, 조합의 비용부담 및 조합의 회계, 정비사업비의 부담 시기 및 절차, 정비구역의 위치 및 면적, 시공자·설계자의 선정 및 계약서에 포함될 내용

07. 법적성격: 공법상 사단법인[민법의 사단법인 준용] ⇨ 인가를 받은 날부터 ☐**일** 이내 **등기함**으로 **성립**한다.

08. 총회: 총회에서 의결시 조합원의 ☐%[창립총회, 시공자 선정 취소를 위한 총회, 사업시행계획서의 작성 및 변경, 관리처분계획의 수립 및 변경, 정비사업비의 사용 및 변경을 위하여 개최하는 총회 등의 경우 ⇨ 조합원 ☐%] 이상이 직접 출석하여야 한다. 다만, 시공자의 선정을 의결하는 총회의 경우에는 조합원의 과반수가 직접 출석하여야 한다.

09. 대의원회: 조합원이 ☐**명** 이상인 조합은 대의원회[1/10 이상]를 두어야 한다. ⇨ ☐이 아닌 조합임원[이사, 감사]은 대의원이 될 수 없다.

10. 조합장 또는 이사의 자기를 위한 조합과의 계약이나 소송 ⇨ ☐가 조합을 대표한다.

11. 추진위원·조합임원결격사유[조합원 ×]: 이 법을 위반하여 벌금 100만원 이상의 형을 선고받고 ☐년이 지나지 아니한 자, 조합설립 인가권자에 해당하는 지방자치단체의 장, 지방의회의원 또는 그 배우자·직계존속·직계비속 ⇨ ☐한다. ⇨ 퇴임된 임원이 퇴임 전에 관여한 행위는 효력을 ☐.

12. 시장·군수 등이 전문조합관리인을 선정한 경우 전문조합관리인이 업무를 대행할 임원은 ☐한다.

13. 임원: 조합장 1인, 이사, 감사 ⇨ **겸직을** ☐한다.
조합은 조합원으로서 정비구역에 위치한 건축물 또는 토지(재건축사업의 경우에는 건축물과 그 부속토지를 말한다)를 소유한 자[하나의 건축물 또는 토지의 소유권을 다른 사람과 공유한 경우에는 ☐을 소유(2인 이상의 공유자가 가장 많은 지분을 소유한 경우를 포함한다)한 경우로 한정한다] 중 다음의 어느 하나의 요건을 갖춘 조합장 1명과 이사, 감사를 임원으로 둔다. 이 경우 조합장은 선임일부터 ☐를 받을 때까지는 해당 정비구역에서 거주(영업을 하는 자의 경우 영업을 말한다)하여야 한다.

> 1. 정비구역에 위치한 건축물 또는 토지를 ☐년 이상 소유할 것
> 2. 정비구역에서 거주하고 있는 자로서 선임일 직전 3년 동안 정비구역에서 ☐년 이상 거주할 것

14. 임원의 임기: 조합임원의 임기는 ☐**년 이하**의 범위에서 정관으로 정하되, ☐할 수 있다. ⇨ 이사의 수: 3명[100명 초과 시 5명] 이상, 감사의 수는 1명 이상 3명 이하로 한다.

15. 조합원의 지위 양도금지: **투기과열지구**로 지정된 지역에서 재건축사업을 시행하는 경우에는 ☐ 후, 재개발사업을 시행하는 경우에는 ☐ 후 해당 정비사업의 건축물 또는 토지를 양수(상속·이혼으로 인한 양도·양수의 경우는 제외한다)한 자는 조합원이 될 수 없다.

THEMA 37 사업시행계획인가 · 고시

01. **인가 여부를 결정통보**: 시장 · 군수 등은 특별한 사유가 없으면 사업시행계획서의 제출이 있는 날부터 ☐일 이내에 인가 여부를 결정하여 사업시행자에게 통보하여야 한다. [신고를 받은 날부터 20일 이내에 신고수리 여부 통지]

02. **토지등소유자가 재개발사업 시행**: 사업시행계획인가를 신청하기 전에 사업시행계획서에 대하여 토지등소유자의 ☐/☐ 이상 및 토지면적의 ☐/☐ 이상의 토지소유자의 동의를 받아야 한다(변경은 과반수 동의).

03. **지정개발자의 예치**: 시장 · 군수 등은 ☐☐☐☐☐의 사업시행계획인가를 하는 경우 해당 정비사업의 사업시행자가 지정개발자(지정개발자가 토지등소유자인 경우로 한정)인 때에는 정비사업비의 100분의 ☐의 범위에서 예치하게 할 수 있다.

04. **임시거주시설**: 사업시행자는 ☐☐☐☐☐ 및 ☐☐☐☐☐의 시행으로 철거되는 주택의 소유자 또는 세입자에게 해당 정비구역 안과 밖에 위치한 임대주택 등의 시설에 임시로 거주하게 하거나 주택자금의 융자를 알선하는 등 임시거주에 상응하는 조치를 하여야 한다.

05. **임시상가의 설치**: ☐☐☐☐☐의 사업시행자는 사업시행으로 이주하는 상가세입자가 사용할 수 있도록 정비구역 또는 정비구역 인근에 임시상가를 설치할 수 있다.

06. 재건축사업을 시행할 때 **건축물 또는 토지만 소유한 자**에게 ☐☐☐☐☐를 할 수 있다.

07. 조합설립에 동의하지 아니한 자, 시장 · 군수 등 또는 토지주택공사등의 사업시행자 지정에 동의를 하지 아니한 자 ⇨ 사업시행계획인가의 고시가 있는 날부터 ☐일 이내에 **동의 여부를 회답**할 것을 서면으로 **촉구** ⇨ ☐**개월 이내 회답** ⇨ ☐**개월 이내 회답하지 아니한 경우** ⇨ 동의하지 아니하겠다는 뜻을 회답한 것으로 본다. ⇨ ☐**개월 이내의 회답기간이 지나면** 사업시행자는 그 기간이 만료된 때부터 ☐**개월 이내** ⇨ **매도할 것을 청구할 수 있다.**

08. [주거환경개선사업] 환지방식, 자력개량방법 ⇨ 제☐종 일반주거지역 의제

09. [주거환경개선사업] 관리처분방법, 수용방식 ⇨ 제☐종 일반주거지역 의제

10. ☐☐☐☐☐☐☐☐은 국민주택채권의 매입규정은 적용하지 아니한다.

THEMA 38 관리처분계획

01. **통지**: 사업시행자는 사업시행계획인가 고시가 있는 날(사업시행계획인가 이후 시공자를 선정한 경우에는 시공자와 계약을 체결한 날)부터 ☐☐☐일 이내에 분양대상자별 분담금의 추산액, 분양신청기간 등을 토지등소유자에게 통지하고, 분양의 대상이 되는 대지 또는 건축물의 내역 등을 해당 지역에서 발간되는 일간신문에 공고하여야 한다. 다만, 토지등소유자 ☐인이 시행하는 재개발사업의 경우에는 그러하지 아니하다.

02. **투기과열지구**의 정비사업에서 관리처분계획에 따라 분양대상자 및 그 세대에 속한 자는 **분양대상자 선정일**(조합원 분양분의 분양대상자는 최초 관리처분계획 인가일)부터 ☐년 이내에는 투기과열지구에서 **분양신청을 할 수 없다**. 다만, 상속, 결혼, 이혼으로 조합원자격을 취득한 경우에는 분양신청을 할 수 ☐☐☐.

03. **손실보상에 관한 협의**: 사업시행자는 **관리처분계획 인가 · 고시된 날의 다음 날**로부터 ☐일 이내에 **분양신청을 하지 아니한 자**, 분양신청기간 종료 이전에 **분양신청을 철회한 자** 또는 관리처분계획에 따라 **분양대상에서 제외된 자**, 분양대상자 선정일부터 ☐년 이내 투기과열지구에서 **분양신청을 할 수 없는 자**와 토지 · 건축물 또는 그 밖의 권리의 손실보상에 관한 협의를 하여야 한다.

04. **재결신청 또는 매도청구소송 제기**: 사업시행자는 협의가 성립되지 아니하면 그 기간의 만료일 다음 날부터 ☐일 이내에 수용재결을 신청하거나 매도청구소송을 제기하여야 한다.

05. **재산 또는 권리의 평가방법**
   ☐☐☐☐☐☐: 시장 · 군수 등이 **선정 · 계약한 1인 이상** 감정평가법인 등과 **조합총회 의결**로 정하여 선정 · 계약한 1인 이상의 감정평가액을 산술평균하여 산정한다.
   ☐☐☐☐☐☐ 또는 ☐☐☐☐☐☐: 시장 · 군수 등이 선정 · 계약한 2인 이상의 감정평가법인 등이 평가한 금액을 산술평균하여 산정한다.

06. **1주택 공급원칙**: 1세대 또는 1명이 하나 이상의 주택 또는 토지를 소유한 경우 □주택을 공급하고, 같은 세대에 속하지 아니하는 2명 이상이 1주택 또는 1토지를 공유한 경우에는 □주택만 공급한다. 다만, 2명 이상이 1□□를 공유한 경우로서 시·도조례로 주택공급을 따로 정하고 있는 경우에는 시·도조례로 정하는 바에 따라 주택을 공급할 수 있다.

07. **과밀억제권역에 위치한 재건축사업은 □주택까지 공급**할 수 있다. 다만, 투기과열지구 또는 조정대상지역에서 사업시행계획인가를 신청하는 재건축사업의 경우에는 그러하지 아니하다.

08. **과밀억제권역에 위치하지 [   ] 재건축사업**의 토지등소유자는 소유한 주택의 □만큼 공급할 수 있다. 다만, 투기과열지구 또는 조정대상지역에서 사업시행계획인가를 신청하는 재건축사업의 경우에는 제외한다.

09. **관리처분계획인가·고시가 있는 때**에는 종전 토지 또는 건축물의 소유자·지상권자·전세권자 등 권리자는 **소유권 이전의 고시가 있은 날까지** 종전의 토지 또는 건축물을 사용·수익할 수 □□. 다만, 사업시행자 동의를 받거나 손실보상이 완료되지 아니한 권리자의 경우에는 사용·수익할 수 있다.

10. **시장·군수 등이 아닌 사업시행자**: 준공인가 신청을 받은 시장·군수 등의 준공검사 실시 ⇨ 준공인가 ⇨ 공사완료 고시 ⇨ 이전고시일의 [   ]에 대지 또는 건축물에 대한 소유권을 **취득**한다.

11. 정비구역의 지정은 준공인가의 고시가 있은 날(관리처분계획을 수립하는 경우에는 이전고시가 있은 때를 말한다)의 [   ]에 해제된 것으로 본다.
    ⇨ 정비구역의 해제는 조합의 존속에 영향을 주지 [   ].
    ⇨ 소유권 이전의 고시가 있은 때에는 [   ] 등기를 촉탁 또는 신청
    ⇨ 이전의 등기가 있을 때까지는 저당권 등의 다른 등기를 하지 [   ].

12. **청산금**: 일괄징수·일괄교부 ⇨ 예외: 분할징수·분할교부할 수 있다.
    ⇨ **소**□**멸시효**: 청산금을 지급 받을 권리 또는 이를 징수할 권리는 이전의 고시일 [   ]부터 □년 간 이를 행사하지 아니하면 소멸한다.

13. **물상대위**: 정비구역에 있는 토지 또는 건축물에 저당권을 설정한 권리자는 저당권이 설정된 토지 또는 건축물의 소유자가 지급받을 청산금에 대하여 청산금을 지급하기 □에 압류절차를 거쳐 저당권을 행사할 수 있다.

농지소유상한, 농지취득자격증명

01. **상속**으로 농지를 취득한 자로서 농업경영을 하지 아니하는 자는 그 상속 농지 중에서 총 □만m² 까지만 소유할 수 있다.

02. □년 이상 농업경영을 한 후 이농한 자는 이농 당시 소유농지 중에서 총 □만m² 까지만 소유할 수 있다.

03. **주말·체험영농**을 하려는 자는 총 [   ]m² 미만의 **농업진흥지역** □의 농지를 소유할 수 있다. 면적 계산은 세대원 전부가 소유하는 총 면적으로 한다.

04. **농업인, 농업법인, 국가, 지방자치단체**는 농지를 [   ]없이 소유할 수 있다.

05. **농지취득자격증명**[7일(농지위원회의 심의 대상의 경우에는 14일)]: **농업인, 농업법인도 농지취득자격증명을 발급**받는다. ⇨ 농지소재지를 관할하는 [   ], [   ], [   ] 또는 [   ]에게서 농지취득자격증명을 발급받아야 한다.

06. **국가, 지방자치단체, 농지전용[   ], 담보농지, 상속, 농업법인의 [   ], 시효의 완성**은 농지취득자격증명을 발급받지 아니하고 농지를 취득할 수 있다.

07. **농업경영계획서 또는 주말·체험영농계획서의 작성면제, 농지취득자격증명 발급**[4일 내 통지] ⇨ **농지전용[   ]·농지전용[   ]** 한 자가 농지 소유(주말·체험영농 ⇨ 주말·체험영농계획서를 작성하여 농취증을 발급받는다.)

08. 농지의 소유자는 처분명령을 받은 때에는 한국농어촌공사에게 **매수청구**할 수 있으며, 한국농어촌공사는 매수청구를 받으면 [   ]를 기준으로 해당 농지를 매수할 수 있다. 이 경우 인근 지역의 실제 거래 가격이 [   ]보다 낮으면 실제 거래 가격을 기준으로 매수할 수 있다.

09. **시장·군수 또는 구청장**은 질병, 징집 등 정당한 사유 없이 지정기간까지 처분명령을 이행하지 아니한 자에게 감정가격 또는 개별공시지가 중 더 높은 가액의 100분의 [   ]에 해당하는 [   ]을 부과 ⇨ 매년 **1회 부과**

10. **대리경작자**(따로 정함이 없는 한 3년)는 대리경작농지에서 경작한 농작물의 수확량의 100분의 [   ]을 수확일부터 □개월 이내에 그 농지의 소유권자나 임차권자에게 토지사용료로 지급하여야 한다.

11. **임대차 기간**은 □년 이상[자경농지를 이모작(□개월 이내), 다년생식물 재배지, 고정식온실, 비닐하우스는 □년 이상]으로 하여야 한다.

THEMA 40 농업진흥지역, 농지전용허가

01. **농업진흥지역 지정**: _____는 농지를 효율적으로 이용·보전하기 위하여 농업진흥지역을 지정한다.
    ① **지정대상**: 농업진흥지역의 지정은 ____지역·____지역·____지역 및 _____지역을 대상으로 한다. 다만, 특별시의 녹지지역을 ____
    ② _____: 농업진흥구역의 용수원 확보, 수질보전 등 농업환경을 보호하기 위하여 필요한 지역

02. **매수청구**: _____의 농지를 소유하고 있는 농업인, 농업법인은 한국농어촌공사에 감정평가금액을 기준으로 매수청구할 수 있다.

03. **1필지의 토지가 농업진흥구역과 농업보호구역에 걸치는 경우**: 농업진흥구역에 속하는 토지부분이 330m² 이하인 때에는 해당 토지 부분에 대하여 행위제한을 함에 있어서는 _____에 관한 규정을 **적용**한다[330m² 초과하면 각각].

04. **1필지의 토지 중 일부가 농업진흥지역에 걸치는 경우**: 농업진흥지역에 속하는 토지의 면적이 330m² 이하이면 그 토지 부분에 대하여는 **농업진흥구역과 농업보호구역**의 행위제한 규정을 **적용하지** _____[330m² 초과하면 각각].

05. **거짓이나 그 밖의 부정한 방법**으로 허가를 받거나 신고한 것이 판명된 경우에는 농지전용허가를 취소 _____.

06. **허가를 받은 자**가 관계 공사의 중지 등에 따른 조치____을 ____한 경우에는 농지전용허가를 취소하여야 한다.

07. **타용도 일시사용허가**는 농지보전부담금[1m²당 개별공시지가의 30%]을 농지관리기금을 운용·관리하는 자에게 납부하지 _____.

08. **농지전용협의**: _____ 또는 _____이 농림축산식품부장관과 농지전용에 관한 협의하여야 한다.

09. 농지를 전용하려는 자는 농지보전부담금의 전부 또는 일부를 농지전용 허가·농지전용신고 ____까지 납부해야 한다[납입 조건부허가×].

10. **타용도 일시사용신고[썰매장, 지역축제장]**: 사용기간 ____개월 이내[연장할 수 없다.] ⇨ **타용도 일시사용신고나 허가는 농지보전부담금을 납입하지 아니한다.**

제35회 공인중개사 시험대비 **전면개정판**

2024 박문각 공인중개사

박문각 익힘장 2차 부동산공법

초판발행 | 2024. 2. 15.　**2쇄발행** | 2024. 5. 10.　**편저** | 최성진 편저

발행인 | 박 용　**발행처** | (주)박문각출판　**등록** | 2015년 4월 29일 제2015-000104호

주소 | 06654 서울시 서초구 효령로 283 서경 B/D 4층　**팩스** | (02)584-2927

전화 | 교재 주문 (02)6466-7202, 동영상문의 (02)6466-7201

저자와의
협의하에
인지생략

정가 10,000원
ISBN 979-11-6987-840-1